U0739327

"十二五"职业教育国家规划教材
经全国职业教育教材审定委员会审定
"十三五"高等职业教育云教学系列教材

应用文写作概论

第三版

主　编　章年卿

副主编　王宏佳　吴彩云　庄艳梅　熊　佳
　　　　柳路行　颜光霞　朱丽霞　吕　涵
　　　　郎红玲　王　颖　马晓菊

编　者　董政达　冯　俏　张怀举

教育科学出版社
·北　京·

出 版 人　李　东
责任编辑　张　羽
责任校对　贾静芳
责任印制　叶小峰

图书在版编目（CIP）数据

应用文写作概论 / 章年卿主编. — 3 版. — 北京：教育科学出版社，2020. 8（2022. 12 重印）
"十三五" 高等职业教育云教学系列教材
ISBN 978-7-5191-2274-4

Ⅰ. ①应…　Ⅱ. ①章…　Ⅲ. ①汉语—应用文—写作—高等职业教育—教材　Ⅳ. ①H152. 3

中国版本图书馆 CIP 数据核字（2020）第 141314 号

"十三五" 高等职业教育云教学系列教材
应用文写作概论（第三版）
YINGYONGWEN XIEZUO GAILUN

出版发行	教育科学出版社	**邮　　编**	100101
社　　址	北京·朝阳区安慧北里安园甲 9 号	**编辑部电话**	010-64989564
总编室电话	010-64981290	**市场部电话**	010-64989009
出版部电话	010-64989487	**网　　址**	http：//www. esph. com. cn
传　　真	010-64891796		

经　　销	各地新华书店	**版　　次**	2011 年 7 月第 1 版
印　　刷	大厂回族自治县益利印刷有限公司		2016 年 10 月第 2 版
开　　本	720 毫米×1020 毫米　1/16		2020 年 8 月第 3 版
印　　张	13. 5	**印　　次**	2022 年 12 月第 5 次印刷
字　　数	282 千	**定　　价**	43. 00 元

前言

高等教育是面向社会需求的教育，不仅要求大学生有较高的理论水平，还要求其有一定的实际应用能力。应用文写作是大学生学习、求职、就业和日常生活不可或缺的书面交流技能，是当代大学生必须掌握的实用知识。

《应用文写作概论》面向学生、面向社会，具有较强的实用性，自出版以来，深得使用该教材的教师和学生的好评。有教师建议，当前大学生就业竞争激烈，该教材的针对性应更强一点。大学生是高校学习的主体，作为以实用性见长的《应用文写作概论》，就应该更好地为大学生就业服务。因此，该教材修订时打破了传统的以文种类型为序的体例，改以大学生就业为主线，重新定义文种类别。修订后的教材按四大模块（学习期间应用文、求职期间应用文、就业期间应用文、日常生活应用文）组织文种，体现出与大学生学习、工作和生活同步的共时性、过程性、发展性，有利于大学生取得较好的学习实效。

本教材坚持科学发展观，以就业为导向，以能力为本位，面向市场，面向社会，为大学生的职业生涯发展奠定基础，体现了“以学生发展为本”的教育思想。本教材以提高大学生基本的写作素养为宗旨，以培养大学生的写作能力为目标，以写作模板为指导，创造性地构建学习模块，组织教学内容。

本教材有如下特色。

1. 内容翔实，理论与实践紧密结合

本教材依托大学生学习的过程编排，内容翔实，知识结构合理，结合新颖、典型的例文展开讲解，创造出一种理论与实践相结合的情境，切实可用。

2. 实用性强

本教材强调实用，从大学生的角度出发，从课堂实际出发，方便学生学习、教师讲解。本教材的内容编排立足大学生的学习、求职、就业、生活等方面，具有实际的指导意义。

3. 科学实训

本教材立足职业实训，每个章节都安排了实战演练，旨在提高大学生的应用文写作能力。

本教材由章年卿主编，具体编写分工如下：

王宏佳（湖北科技学院）编写第一章；

庄艳梅（山西煤炭职业技术学院）编写第二章；

柳路行（甘肃林业职业技术学院）编写第三章、第五章第四节和第五节；

吴彩云（海口经济学院）编写第四章；

颜光霞（广安职业技术学院）编写第五章第一节、第二节、第三节；

其他老师承担了前期资料收集整理、部分章节编写及后期教材审核工作。

在本教材修订的过程中，我们参考了相关的专著和网络资料，因条件所限，未能一一与相关作者取得联系，在此向他们表示衷心的感谢。由于时间仓促和水平有限，书中难免有疏漏之处，敬请大家批评指正。

编　者

目录

第一章 应用文写作概述

本章在界定应用文定义的基础上，重点介绍应用文的历史、特点、分类、主旨、材料、结构和表达方式。

本章是系统学习后续章节内容的基础，也是进行应用文具体写作的基础，学习者应系统学习和把握。

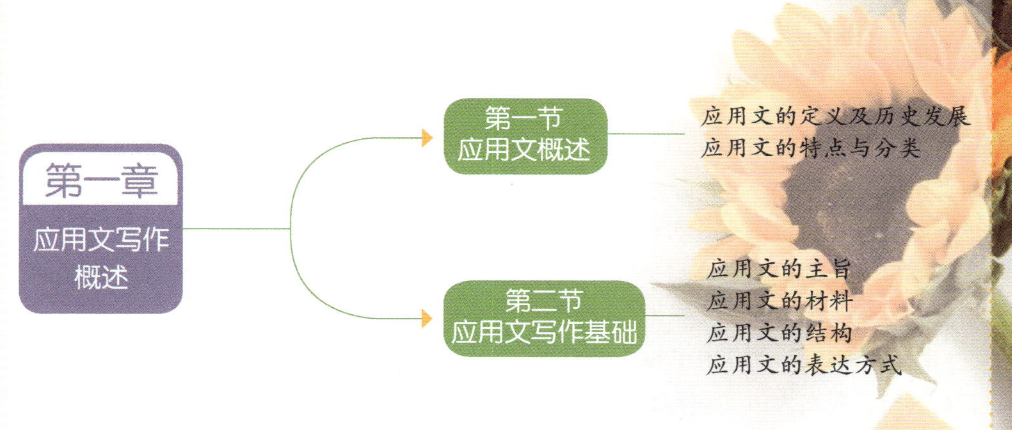

第一节　应用文概述

一、应用文的定义及历史发展

（一）应用文的定义

在给应用文下定义前，我们有必要先说明“应用”一词。“应用”一词在现代汉语中常与“理论”相对。所谓“应用”，是“适应需要，以供使用”的意思。

《宋书·袁豹传》：“器以应用，商以通财。”这是较早的关于“应用”一词的说法。意思是说，器物是适应需要、供人使用的东西，商业是用来致富的途径。“形而上者谓之道，形而下者谓之器”（《易经》），意思是属于理论的东西形而上，不可触摸，是抽象的道理；属于应用的东西形而下，可以触摸，是具体的器物。

在弄清应用的含义之后，我们可以尝试着给应用文下一个定义。

我们认为，所谓应用文，是指人们在学习、工作和生活中为处理实际事务而写作的文章。它是人们在长期的社会实践活动中形成的一种文体，是人们传递信息、处理事务、交流感情的重要文字载体。

（二）应用文的历史发展

“应用文”一说最早出于北宋苏轼笔下，“向在科场时，不得已作应用文，不幸为人传写，深为羞愧”（《答刘巨济书》）。但宋代还没用应用文的文体概念，直到清代，刘熙载才把应用文作为专门的文体进行了说明。

《艺概·文概》：“辞命体，推之可为一切应用之文。应用文有上行，有平行，有下行，重其辞乃所以重其实也。”

这里所说的应用文相当于今天的公文。民国初年，徐望之进一步对应用文的类型做了举例式的说明。

《尺牍通论》：“有用于周应人事者，若书札、公牍、杂记、序跋、箴铭、颂赞、哀祭等类，我名之曰‘应用之文’。”

作为一个概念，应用文出现的时间比较晚；但作为一种文体，应用文的历史却源远流长。

应用文的历史可以划分为七个阶段：孕育期（原始社会）、萌芽期（奴隶社会）、成熟期（战国、秦）、发展期（汉、三国、两晋、南北朝）、高峰期（唐、宋）、稳定期（元、明、清）、革新期（五四运动至今）。

在我国原始社会时期，应用文还处于孕育状态。由于文字还没有出现，“上古结绳而治，后世圣人易之以书契”（《周易·系辞下》）。“书契”即后世的文字，在没有文字的情况下，古人靠结绳的方法来记事。为了传递信息、统一号令，应用文以口头形式孕育在社会实践活动中。

到了奴隶社会，应用文开始萌芽。早期的质剂等买卖契约是应用文的雏形。质剂是古代贸易券契“质”和“剂”的合称。长券叫质，是买卖奴隶、牛马所使用的券契；短券叫剂，是买卖兵器、珍玩所使用的券契。甲骨文出现以后，在西周的青铜器上出现了公牍文件，还出现了记载物资交换的契约。以诰为例，所谓“诰”，是“以上告下”的意思。诰作为王命文书开始于西周，如《尚书·周书》载有《大诰》《汤诰》《康王之诰》等篇，是周王用以告诫臣工的文书。

战国至秦，应用文已经开始完善，并走向成熟。秦统一六国之前，列国的文字很不统一，写法各不相同。秦统一六国后，秦始皇令李斯等人进行汉字的整理、统一工作。秦采用了比较方便的写法，规定了统一的文字，叫作“书同文”。秦对各种应用文的使用都有严格的规定，例如，“制”“诰”专供皇帝使用，“奏”供大臣使用，各种应用文在格式上也均有规定。这些成为我国封建时代应用文走向成熟的标志。

从汉到南北朝，应用文得到了很大的发展。曹丕的《典论·论文》高度评价了文章的社会作用，提出了“四科八体”说的文体论。陆机的《文赋》则把“四科八体”扩为十类，涉及更多的应用文体，并对文体的特点和写作规律做了更深入的探索。挚虞的《文章流别论》是关于各种文体的性质、源流的专论，谈到的文体有颂、赋、诗、七、箴、铭、诔、哀辞、哀策、对问、碑铭 11 种。刘勰的《文心雕龙》评论了 30 多种文体，并对每一种文体的名称、功用、源流、构成要素、写作要求及注意事项做了全面的论述，奠定了我国古代应用文写作理论的基础。汉代如贾谊的《论积贮疏》、晁错的《论贵粟疏》、司马迁的《报任安书》，三国两晋南北朝时期如诸葛亮的《出师表》、嵇康的《与山巨源绝交书》、李密的《陈情表》，都是大家耳熟能详的应用文名篇。

唐宋时期，应用文的发展和使用进入高峰期。新的应用文体大量涌现，各种体裁的名篇云集。唐代如王勃、杨炯、卢照邻、骆宾王、陈子昂、韩愈、柳宗元、陆贽、李德裕、李商隐等都是写作应用文的高手。宋代如欧阳修、王安石、曾巩、“三苏”都是写作应用文的名家。骆宾王的《代李敬业传檄天下书》，把武则天骂得体无完肤，可是武则天读了，只觉文章写得好，感叹“宰相安得失此人”。这一时期的文章可以说是声情并茂、文质并重，既讲究实用，又讲究文采。

元、明、清是我国古代应用文稳定发展的时期。元代应用文兼有汉、蒙两族的文化色彩；明代强调规范和务实，并改革文风，不用骈文写作公文；清承明制，应用文发展迟缓，但在体裁上有了一些变化，如清代奏章称为“折子”，林则徐给道光皇帝上的《会奏销化烟土一律完竣折》是具有历史意义的公文。私人文书如明代宗臣的《报刘一丈书》、夏完淳的《狱中上母书》，清代汪中的《哀盐船文》，都是传世名作。辛亥革命以后，为适应政治、经济的发展，民国政府废除了封建社会所使用的制、诏、诰、敕、表、奏等传统文体，规定公文写作语言废文言用白话，加新式标点符号，还先后颁布了若干公文程式条例，规定了许多文种的格式及套语。

五四运动至今，应用文进入革新期。随着新文化运动的发展，应用文在沿用的同时也出现了重大的变革：在语言载体的运用方面，白话文取代了文言文，变得通俗易懂；在应用写作的内容方面，减少了封建等级色彩，增强了民主性；在文体方面，反映传统礼仪的文体日益减少，出现了大量反映整个国家的文化、经济、生活的新文体。中华人民共和国成立以后，党和政府非常重视应用文写作（特别是公文写作）的规范工作，陆续颁布实施了《国家行政机关公文处理办法》等若干具有指导性和纲领性的文件，对应用文写作（特别是公文写作）起到规范和促进作用。

（三）应用文的作用

应用文是为适应社会生活的需要而产生的。从本质上讲，应用文是一种工具。在不同的历史时期，应用文对社会的发展和进步都起着极其重要的作用。应用文的作用主要有以下几点。

1. 宣教作用

应用文具有宣传和教育作用。公文通常向广大人民群众宣传党的方针、政策，推广典型经验，宣扬先进事迹，起着宣传、教育群众的作用，从而指导和推动各项工作的开展，如消息、通讯、简报等。在市场经济条件下，应用文的宣教作用又有了新的发展，如各企业运用应用文这一宣传工具，宣传企业文化、理念和形象，以此来提高企业的知名度和美誉度，赢得社会的信任和支持，从而提高经济效益，促进企业的发展。

2. 交流作用

应用文具有交流作用。在社会实践活动中，人与人之间的接触和交流日益频繁，应用文在沟通关系、交流信息、联系情感、协商事宜、协调行动、相互支持等方面有着重要的作用。礼仪类文书可以起到交流感情、促进和谐的作用；广告类文书可以起到传播信息、服务公众的作用；合同类文书可以起到协调关系、保障当事人利益的作用。

3. 凭据作用

应用文具有凭证和依据作用。人们常说："口说无凭，立字为据。"就凭证类文书而言，其凭证作用非常明显，如协议书、合同书等都规定了双方当事人的权利与义务，以此为凭证，任何一方违约，都要据此追究其责任。就行政公文而言，上级机关要根据下级机关的公文所提供的情况、反映的问题来进行科学决策，以便指导下级工作；下级机关则要根据上级机关下达的公文来传达方针、政策，部署并开展工作。由此可见，公文是施政的依据和准绳，其凭据作用明显。

4. 管理作用

应用文，特别是公文，是管理国家事务的一种重要工具。国家如果要传达政令、统一思想、规范行为，就必须通过应用文上传下达。上级机关发布的决定、意见、通知都起着管理和约束的作用，下级机关必须遵照执行，或根据本地区的实际情况参照执行。只有这样，国家的方针、政策才能逐层下达并得以施行。相反，下级机关所做的请示、报告、总结等应及时反映基层的各种情况，为上级机关提供决策和指导的依据。因此，应用文是社会管理工作中重要的组成部分，具有管理的作用。

知 识 链 接

古代也有公文，只是不叫公文，而称“案牍”。“案牍”语出唐代刘禹锡的《陋室铭》：“无丝竹之乱耳，无案牍之劳形。”意思是说，没有嘈杂的音乐扰乱视听，没有繁忙的公文催劳伤神。

二、应用文的特点与分类

（一）应用文的特点

应用是与理论相对的，但在实际运用中，与应用文相对的，既包括理论性文章，如哲学思想、学术探讨等，又包括文学作品。应用文的特点是在与理论性文章、文学作品的比较中得出的。

1. 实用性

实用性是应用文的根本特征和生命之所在。所谓实用性，就是能够解决实际问题。应用文大都是从本行业、本部门、本单位或本人的实际出发，为解决某一实际问题而写的，如通知、计划、总结、合同、上诉状等，实用性非常明显。

从广义上讲，一切文章都有实用性。理论性文章侧重于启人以智，提高人们的理论水平；文学作品在充当人们精神食粮的同时，还具有一定的娱乐性。应用文的实用性则是指应用文直接服务于社会生活，直接解决实际问题。

2. 规范性

任何一种应用文都是在长期的社会实践和不断的使用过程中慢慢形成的，一般都有较固定的格式，具有一定的规范性。如写计划，一般先写目的，然后写具体任务、目标、措施、时间、步骤；写调查报告，一般先介绍调查的目的、对象、时间、地点、方式，然后就调查的问题分项阐述；写书信，一般都有称呼语、祝词、落款和时间。

与应用文相反，文学作品往往反对格式雷同，反对走程式化道路。

3. 时效性

时效性是指应用文的时间有限制。应用文是为了处理事务、交流信息、解决问题而写的，而事物又是在不断变化的，要充分发挥应用文的作用，就必须在一定的时间内解决问题。这是应用文与其他文章的重要区别。

应用文的时效性主要表现在三个方面：快写、快发、快办。有些应用文往往通过成文日期来表示它的生效期限或正式执行的日期，有的应用文还明确规定了有效期限。

理论性文章和文学作品则没有时间的限制。

4. 真实性

真实性是指应用文的内容必须如实地反映客观事实，准确无误。比如，写会议纪要，不能无中生有、张冠李戴；写调查报告，不能闭门造车、想当然；写广告，不能虚实相间、混淆视听；写新闻，要客观反映时间、地点、人物和事件。

虽然理论性文章也要讲真实，但其真实是指理论要以事实为基础；应用文则直接着眼于事实。文学创作可以虚构，文学作品中的人不等于现实生活中的原型，故事中的情节也并非要照搬生活。比如，小说就是塑造典型环境中的典型人物，而这种来源于生活的艺术形象更集中、更典型地反映了生活的本质。人们常说，文学来自生活，却又高于生活，说的正是这个意思。

（二）应用文的分类

应用文种类繁多，标准不同，类别就有差异，而且有时很难截然分开，形成交叉现象。目前并没有非常权威的应用文分类体系。本教材从大学生的视角，将应用文按照不同使用时期和使用场合分为4类。

1. 学习期间应用文

学生在学习期间使用的应用文，如申请书、活动策划书、计划总结、社会实践报告、毕业设计、毕业论文等。

2. 求职期间应用文

学生在求职期间使用的应用文，如求职信、求职简历、职业规划书等。

3. 就业期间应用文

学生在就业期间使用的应用文可细分为行政公文，如决定、意见、通知、通报、报告、请示、函、会议纪要等；商务活动应用文，如市场调查与预测报告、可行性研究报告、经济合同（意向书、合同书）、商业广告等；宣教工作应用文，如通讯、简报、演讲词、讲话稿等。

4. 日常生活应用文

学生在日常生活中所使用的应用文可细分为条据类，如请假条、留言条、收条、借条等；传播类，如启事、海报等；书信类，如感谢信、慰问信、介绍信、证明信、倡议书、建议书等；婚庆类，如请柬、婚礼主持词、婚礼祝词等；哀祭类，如讣告、悼词等。

第二节　应用文写作基础

一、应用文的主旨

人们在写作应用文时往往过多关注应用文的格式，从而忽视了应用文的主旨。写作的目的也就是办事的目的，主旨的好坏直接关系到办事成功与否，因此应用文的主旨应当引起重视。

（一）应用文主旨的概念

主旨，又称主题、题旨、立意等。具体地说，主旨就是通过文章的具体材料所表达的中心思想、基本观点或要说明的主要问题，是作者对客观事物的评价和态度。写作应用文是为了解决实际问题，所以应用文的主旨就是办事的意图。简单地说，应用文的主旨就是写作应用文的目的。

（二）应用文主旨的作用

应用文主旨的作用主要表现在两个方面。

1. 主旨是应用文的灵魂和生命

应用文因主旨而生，因此主旨是应用文的灵魂和生命。在现实工作中，由于所办之事不同、办事的意图不同，所以应用文的主旨也不同。应用文的主旨一经确立，就成为文章的中心，整篇文章会因它而有灵魂和生命。

2. 主旨对应用文行文产生制约作用

写作应用文时，拟订标题、谋篇布局、材料取舍，乃至遣词造句，都受到主旨的制约，并服务于表现主旨的需要。

（三）对应用文主旨的要求

1. 正确

应用文的主旨正确，其一是指必须符合国家的法律、法规，符合党和国家的路线、方针、政策；其二是指必须符合客观实际情况，能反映客观事物的本质规律，经得起实践和时间的检验。例如，有县政府以公文的形式要求下级单位完成烟酒销售任务，就不符合第一条要求；20 世纪 60 年代我国关于“亩产万斤粮”的报道则不符合第二条要求。

2. 鲜明

应用文的主旨不能像文学作品的主题那样含蓄隐晦，而是要旗帜鲜明，无论赞成或反对、提倡或禁止、肯定或否定，都要使人一目了然。

3. 集中

清朝王源说：“宾可多主无二，文之道也。”这句话就是讲文章主旨要集中。家里的客人再多，主人只能有一个；文章的内容再多，主旨也只能有一个。应用文的写作也是如此。应用文是为办事而写，更要强调主旨的集中。应用文中许多文种在写作时都要求一事一文，就是以内容的单一来强调主旨的集中。有些内容比较复杂的文章，如会议报告、工作总结、会议纪要、调查报告等，在构思时就要统观全局，在更高层次上确立主旨，做到主旨集中。如果主旨分散，就会影响办事的效果。

（四）应用文主旨的表现方法

1. 标题点旨

标题点旨即在标题中直接点明主旨。如"××学校关于净化校园环境的通知"便在标题中概括点明了主旨，使人们从标题中就可以看出文章的主要内容。

2. 开门见山

在正文开头用主旨句托出写作主旨，是一种开门见山地表明主旨的方法。通知、通报、通告、报告、意见以及规章等常用此方法。如一份通知的开头：

棉花是关系国计民生的战略物资，是产棉区农民收入的基本来源，是纺织工业的主要原料。做好棉花购销工作，对于稳定农业大局、保证纺织行业正常生产、安排好人民生活、增加出口创汇具有重要意义。

这份通知开门见山，开篇就让读者了解到文章的主旨和重点。

3. 小标题显旨

小标题显旨是将文章主旨分解成几个部分，每个部分用一个小标题来显示。各个小标题围绕同一主旨，从不同的角度来阐述。这种表现手法常在总结、计划、会议纪要等应用文中广泛运用。例如，某单位《关于加强基层党组织建设的意见》中就列了以下小标题：

一、深化企业集团试点工作的必要性和目的

二、建立以资本为主要联结纽带的母子公司体制

三、进一步增强试点企业集团母公司的功能

四、加强对试点企业集团的监督、考核

五、做好企业集团试点的组织和领导工作

4. 篇末点旨

篇末点旨即在应用文正文的结尾处点明主旨。这种做法有助于强化文章的中心思想，前后照应。

二、应用文的材料

（一）应用文材料的含义

应用文的材料是指作者为了说明主旨而收集的理论和事实：一是事实材料，包括具体事例、统计数据、现实情况、人物和事件等；二是理论材料，包括名人名言、公式定理、党的方针政策、法律法规、上级指示精神等。一篇应用文的质量常常取决于作者所掌握和使用的材料。如果说主旨是应用文的灵魂，那么材料就是应用文

的血肉。

（二）应用文材料的来源

1. 认真观察

我们身边存在大量的材料，能否据为己有，关键在于能否认真地进行观察。我们将观察到的材料日积月累，就会有许多材料。观察要确立观察点，要抓住事物的特征来进行观察，不能眉毛胡子一把抓。观察后要善于思考，要能发现问题、提出问题，并对事物进行科学判断。

2. 实地调查

没有调查就没有发言权，实地调查是获得第一手材料的重要方法。社会发展日新月异，新事物、新现象、新问题、新经验层出不穷，因此我们写应用文之前要有计划、有目的地深入基层，获取第一手资料，不能闭门造车、编造材料。常用的调查方法有走访、实地考察、问卷调查、参加有关会议、阅读有关文件等。

3. 网络检索

网络检索是当前获取应用文材料的便捷途径。通过网络，我们可以在很短的时间内轻松获取海量材料，并通过对材料的比较适当取舍，优中选优。

（三）应用文材料的取舍

有了材料，并非要把所有的材料都用上。只有那些能服务于主旨的材料才是有意义的，其他的材料都应该舍弃。材料的取舍应遵循以下原则。

1. 确凿

确凿就是真实、准确。写入应用文中的材料应该是客观存在的事实，不能是道听途说、偏听偏信甚至凭空想象的东西。在这一点上，应用文与文学作品有较大的区别。文学作品以生活为基础，但允许虚构和杜撰，“如有雷同，纯属巧合”，就是为了避免有些人对号入座。如果应用文材料不真实、不准确，就难以提炼出有说服力的主旨，往往会弄巧成拙。

2. 典型

典型就是要有代表性。典型材料是指同类材料中最有代表性的材料，因为它最具代表性，当然也就最具说服力。应用文要在有限的篇幅中给人以更多的东西，所用材料必须是典型事例。应用文质量的高低、社会作用的大小，取决于典型材料的多寡。

3. 新颖

新颖就是新鲜别致。新颖的材料能给读者新鲜感，有吸引力，让人愿意读、喜欢看，从而达到写作目的。因此，我们在写作应用文时，要选择新近发生的、能反映时代精神和特色的材料。

三、应用文的结构

（一）应用文结构的含义

应用文的结构是指应用文内容的组织安排。它包括两层含义：一是宏观结构，即文章的总体构思、大体框架；二是微观结构，即对文章的层次、段落、开头、结尾、过渡、照应和主次的具体设计。应用文的结构是主旨与材料有机结合的骨架，合理的结构使得文章和谐统一，不合理的结构则使得文章支离破碎。

（二）应用文的结构类型

不同的应用文有着不同的结构类型。应用文的结构大致有以下 7 种类型。

1. 单段式

正文内容完全包容在一个完整的自然段内，一个段落就是一篇完整的文章。这种形式常用于内容单一的应用文书，如函、通知、决定等。

2. 两段式

把单段式中的结语部分单独列为一段，或把三段式中的结语部分省略，写作目的或缘由、行文事项各为一段，就成了两段式。这往往是内容简单、篇幅简短的应用文常用的结构类型。

3. 三段式

把正文分为写作目的或缘由、事项、文章结语三个层次，就成了三段式。这是短篇应用文中比较常见的结构类型。

4. 多段式

多段式一般开头概述情况，说明缘由、目的或依据，结尾单独成段或省略结尾段，主体部分分成若干段。多段式常用于内容稍多、篇幅稍长的应用文。

5. 分部式

分部式一般是把应用文正文分成几个大部分，为使条理清晰，每个部分可用小标题或者序号列出，但多用序号加小标题的形式。分部式常用于内容较多、篇幅较长的应用文。工作总结、调研报告等常采用这种结构类型。

6. 条款式

条款式指在行文中分条分款，显得眉目清楚、排列有序、简洁明了。法律法规、规章制度等常采用这种结构类型。

7. 表格式

不少经济管理职能部门（如工商行政管理部门、税务部门、专利管理部门等机构）和不少企业（如商业银行、保险公司及厂矿等单位）制发的各种专门文件大都采用表格式的结构类型。

四、应用文的表达方式

一般文体的表达方式有叙述、说明、议论、描写和抒情5种。就应用文而言，受文体特点和写作目的的制约，其表达方式主要有叙述、说明与议论3种。

1. 叙述

所谓叙述，是有次序地叙说、介绍人物的经历、言行或事物发展变化过程的表达方式。完整的叙述包括时间、地点、人物和事件的起因、经过、结果六要素。

叙述是应用文的基本表达方式。报告、表彰、处分通报、市场调查报告等往往采用叙述的方式。交代背景，介绍文章涉及的人、单位或事件的基本概况、事物发展变化过程以及相互关系，都离不开叙述；为议论提供事实依据，也要用到叙述。

应用文的叙述要求真实、准确，不带主观感情色彩。

2. 说明

所谓说明，是用简明扼要的文字，对客观事物或事理的状态、性质、特点、功能、成因、关系、功用等属性加以客观解释和介绍的表达方式。总结、简报、调查报告、工作报告中对某些基本情况的介绍，表彰、处分决定或通报对有关人员或单位的介绍等，常用说明的表达方式。条例、规定、制度、公约、介绍信、证明信以及启事、经济合同、广告等，也常用说明的表达方式。

3. 议论

所谓议论，是作者对某件事情或某个问题进行分析、推理、评论，表明自己的立场、观点、意见的一种表达方式。应用文写作中的议论与一般议论文中的议论有明显的区别。一是在一般议论文中，议论是最主要的表现方法，贯串全文始终，论点、论据和论证三要素齐备。而在应用文中，最主要的表达方式是叙述和说明，议论居于从属地位，一般只在叙述、说明的基础上进行。二是应用文的议论一般不能长篇大论，只是在需要分析论证的地方夹叙夹议，三言两语，点到为止，不做深入的论证。例如，魏巍的通讯《谁是最可爱的人》中的议论部分：

谁是我们最可爱的人呢？我们的部队、我们的战士，我感到他们是最可爱的人。

也许还有人心里隐隐约约地说：你说的就是那些“兵”吗？他们看来是很平凡、很简单的哩。既看不出他们有什么高深的知识，又看不出他们有什么丰富的感情。可是，我要说，这是由于他跟我们的战士接触太少，还没有了解我们的战士：他们的品质是那样的纯洁和高尚，他们的意志是那样的坚韧和刚强，他们的气质是那样的淳朴和谦逊，他们的胸怀是那样的美丽和宽广！

实战演练

1. 阅读下面的公文，按文后要求答题。

目前，全市抗震救灾斗争取得阶段性成效，余震已呈起伏减弱趋势。为保持全市正常的生产生活秩序，现就有关事项公告如下：

（1）全市银行、邮政、商场、饭店、超市等要保持正常营业，保证广大市民日常生活需要；各类学校、医院要保证正常的教学秩序和医疗秩序；机场、车站、公交、出租等要保持正常营运；所有单位都要保持正常上班。

（2）公共企事业单位要保持水、电、气、油的正常供应，电信营业单位要保持通信畅通；各类企业要保持正常的生产经营，受地震影响较大的企业要尽快恢复生产；物价、工商、药监等部门要加强监管，维护良好的市场秩序。

（3）公安机关要严厉打击各类违法犯罪活动，维护社会治安；城管部门要加强管理，保持市容整洁卫生；机关、单位、街道、社区要加强本单位、本辖区的综合治理；市民要自觉维护公共秩序，不损害公共绿地，不乱搭乱建，不乱丢垃圾。

××市人民政府

××××年××月××日

要求：

（1）拟写本文的标题。

（2）写出本文的主旨及表达主旨的方式。

（3）写出本文的结构。

（4）在抗震救灾中，各级政府制发了大量类似本文的公文，简要评价这类公文的作用和重要意义。

2. 王小波要竞选本校的学生会环境保护部部长，请代其写一篇演讲稿。

【写作提示】

（1）内容分三个部分，反映本校现在存在的种种环境问题；提出治理的对策；上任以后将从哪些方面努力改善环境面貌。

（2）表达上要运用叙述、说明、议论三种方式。

（3）总体风格是寓情于理，以理服人，以情动人。

第二章 学习期间应用文

学习期间应用文写作文种涉及面很广，本章主要选取申请书、活动策划书、计划、总结、社会实践报告、毕业设计、毕业论文7类文体的写作展开论述。这几类文书都是大学生在学习期间要接触到的，无论是申请入党，还是组织筹划活动，甚至毕业即将离开校园，都会涉及。

应用文写作能力已成为当代大学生应具备的基本能力之一，因此，大学生在学习期间应抓住各种机会提高自己的写作技能。

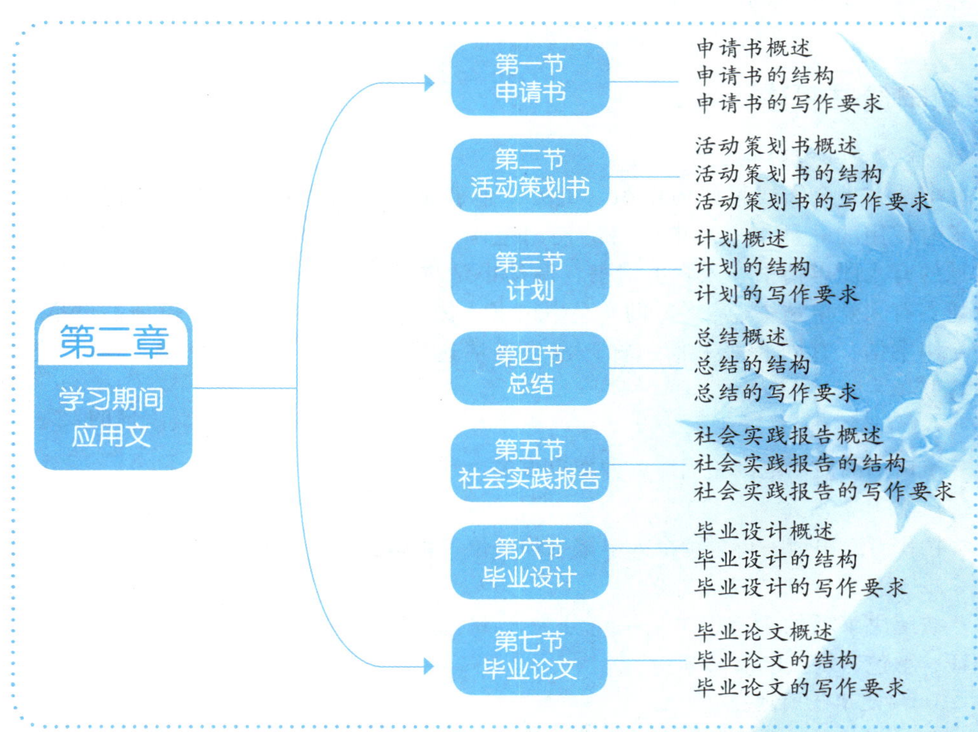

第一节 申请书

结构模板

项目	要点
标题	××申请书
称谓	敬爱的（尊敬的）××单位、组织、领导
正文	申请内容、申请原因、决心和愿望
结语	表示敬意或表示感谢和希望的话，如“此致、敬礼”“请组织考验”“望领导批准”等
落款	申请者个人姓名或单位名称

一、申请书概述

（一）申请书的概念

申请书是个人或集体向组织、机关、企事业单位或社会团体表述愿望、提出请求时使用的一种文书。申请书的使用范围广泛，不同的事由有不同的申请书，常见的有入团申请书、入党申请书、调动申请书等。大学生在学习期间常用到的申请书有入党申请书、（奖）助学金申请书、休（复）学申请书等。申请书也是一种专用书信，它同一般书信一样，也是表情达意的工具。申请书要求一事一议，内容要单一。

（二）申请书的分类

申请书的使用范围相当广，种类也很多。

1. 按作者划分

按作者，申请书可分为个人申请书和单位、集体公务申请书。

2. 按解决事项的内容划分

按解决事项的内容，申请书可分为入团、入党、困难补助、调换工作、建房、领证、承包、贷款申请书等。

3. 按使用范围划分

（1）思想政治生活方面的申请。这种申请一般是指加入某些党派或社会团体的专用书信，如申请加入中国共产党、工会，参军等。

（2）工作学习方面的申请。一般是指在实际工作或求学中的申请，如入学、退学、进修、工作调动申请等。

（3）日常生活方面的申请。这类申请一般是指向有关部门提出生活需求的专用书信，如困难补助申请、开业申请等。

（三）申请书的特点

1. 请求性

“申请”，顾名思义，就是申述自己的理由并有所请求。无论是个人在政治生活中入团、入党时的申请或是个人单位在其他方面的申请，均是一种满足要求的公用文书。所以，请求性是申请书的一个根本特点。

2. 真实性

申请人在筛选事实和细节的过程中，必须秉持真实的原则，要实事求是。申请书是请求上级同意、批准的信，不能因为希望获得上级同意，就捏造情况、夸大困难或隐瞒事实。否则申请人就失去了做人的基本信用，申请书的效力也将大打折扣。

二、申请书的结构

1. 标题

标题有两种写法：一种是直接写，如“申请书”；另一种是在“申请书”前加上内容，如“入党申请书”“调换工作申请书”“辞职申请书”等。一般采用第二种写法。

2. 称谓

顶格写明接受申请书的单位、组织或有关领导，如“尊敬的校领导”“敬爱的党组织”等。

3. 正文

正文部分是申请书的主体，包括三项内容，即申请内容、申请原因、决心和愿望。此部分写作时要注意：

（1）申请的事项要写清楚、具体，涉及的数据要准确无误。

（2）理由要充分、合理，实事求是，不能虚夸和杜撰，否则难以得到上级领导的批准。

（3）语言要准确、简洁，态度要诚恳、朴实。

4. 结语

申请书可以有结语，也可以没有。结语一般是表示敬意的话，如“此致、敬礼”等；也可写表示感谢和希望的话，如“请组织考验”“请审查”“望领导批准”等。

5. 落款

个人申请须写清申请者姓名，单位申请须写明单位名称并加盖公章，最后注明日期。

例文解析 

【例文】

入党申请书

敬爱的党组织：

今天，请允许我怀着激动与敬畏的心情正式向党组织提出入党申请！

从小时候起，党的光辉就在我心中熠熠闪耀，鼓舞着我前进。通过不断的学习，我知道了中国共产党是中国工人阶级的先锋队，是中国各族人民利益的忠实代表，是中国社会主义事业的领导核心。共产党是从鸦片战争以来唯一一个把中国最终从贫穷衰弱带入富强的政党，并在改革开放后，创造了人类历史上使最多人口脱离贫困线的纪录。今天，中国在中国共产党的领导下已基本从清末的衰败走向强盛，重新确立了世界大国的地位。共产党为中华民族的伟大复兴做出了无可替代的卓越的历史贡献。中国共产党是一个伟大的、光荣的、正确的党。

通过近期对科学发展观理论体系的学习，我加深了对党的认识，尤其是对党的先进性的理解。科学发展观是我党在新的历史条件下，总结半个世纪以来党领导和团结全国各族人民建设有中国特色的社会主义事业过程中形成的经验和教训的基础上，对我国今后一段时期内各项事业发展必须遵循的原则的高度概括和总结。科学发展观和马列主义、毛泽东思想、邓小平理论和“三个代表”重要思想一脉相承，是对它们的继承和发展。

近代以来，中华民族遭受的苦难之重、付出的牺牲之大，在世界历史上都是罕见的。但是，中国人民从不屈服，不断奋起抗争，一直在寻梦、追梦、圆梦。从洪秀全的“太平天国梦”到孙中山的“民主共和梦”……但由于没有先进的理论做指导，没有找到解决中国问题的正确道路，这些梦想都未能实现。

五四运动以后，马列主义与中国工人运动相结合，产生了中国共产党。中国人民在中国共产党的领导下，经过28年浴血奋战，打败了封建军阀、日本帝国主义和国民党反动派，建立了新中国，这为实现中华民族伟大复兴的梦想创造了根本前提。以毛泽东同志为核心的党的第一代

评析

开门见山，郑重向党组织提出入党申请意愿。

简要回顾了党的奋斗历程，指出中国共产党是一个伟大的、光荣的、正确的党。

结合近期学习科学发展观理论，加深了对党的先进性的认识。

回顾了近代以来中国人民寻梦、追梦、圆梦的艰难历程。

中央领导集体带领全党全国各族人民完成了新民主主义革命，进行了社会主义改造，确立了社会主义基本制度，成功实现了中国历史上最深刻最伟大的社会变革，为当代中国一切发展进步奠定了根本政治前提和制度基础。以邓小平、江泽民同志为核心的党的第二代、第三代中央领导集体和以胡锦涛为总书记的新一届领导集体，成功开创、坚持、发展了中国特色社会主义。具有五千多年文明史的中国的面貌焕然一新，中华民族伟大复兴展现出前所未有的光明前景。

结合当代大学生实际，立志努力学习，掌握本领，为实现"中国梦"而贡献青春。这是对"中国梦，我的梦"的最好理解。

因此，作为新时代的青年，必须以邓小平理论、"三个代表"重要思想、科学发展观为指导，认认真真领会党的十八大报告精神，才能坚定中国特色社会主义的必胜信念，进而实现"中国梦"。

弘扬艰苦奋斗精神，这是实现"中国梦"的重要条件，艰苦奋斗是成就任何事业或理想的必由之路。改革开放的总设计师邓小平同志一再告诫，"中国搞四个现代化，要老老实实地艰苦创业"。最近，习近平总书记在参观《复兴之路》展览时强调"空谈误国，实干兴邦"。不可否认，我国的社会主义现代化建设已经取得举世瞩目的伟大成就，但也要看到，正如党的十八大报告指出的，我国仍处于并将长期处于社会主义初级阶段的基本国情没有变，人民日益增长的物质文化需要同落后的社会生产之间的矛盾这一社会主要矛盾没有变，我国是世界最大发展中国家的国际地位没有变。这就决定了实现中华民族伟大复兴梦想不可能一帆风顺，必然遇到很多困难与风险。我们意识到，全国人民只有在党中央领导下，大力弘扬艰苦奋斗的精神，继续埋头苦干、顽强拼搏，才能排除前进道路上的困难、战胜各种风险，不断取得新的胜利。

坚定共产主义理想信念，为中华民族的伟大复兴贡献力量，体现了一个大学生入党积极分子应有的政治觉悟。

我知道，现在的我与共产党员的标准还有一定的距离。为实现自己的夙愿，做一个真正的共产党员，我决心做到以下几点：

向党组织表决心，诚恳地表达了自己申请入党的愿望。

一、从严要求自己。在平时的学习、工作和生活中始终以一个共产党员的标准要求自己、规范自己，立志为共产主义事业奋斗终生。

二、加强学习，自觉接受党组织的考验。自觉学习党的理论知识，从理论上武装自己，提高自己的政治素质和工作能力。积极参加党的活动，请求组织监督我，教育我。

我已经做好准备，请党组织考验我吧！我一定会交出一份让党组织满意的答卷！

此致

敬礼

申请人：×××

××××年××月××日

知识链接

思想汇报

在入党过程中，向党组织递交入党申请书只是入党的第一步，还要定期（一般至少一个季度）向党组织写思想汇报。思想汇报是入党积极分子将自己一段时间以来在思想、学习、工作等方面的情况向党组织做出书面汇报，也是党组织对入党积极分子进行考察的一个依据。

有时为了向党组织更好地介绍自己，在写入党申请书的同时还要写个人自传。个人自传是把自己的成长经历、学习、工作、理想与抱负等方面的情况，系统而又有重点地通过文字形式表达出来。

无论是入党申请书、思想汇报，还是个人自传，都要求实事求是地写，要反映自己的真实情况，切忌虚构或编造。

例文解析

【例文】

评析

助学金申请书

尊敬的校领导：

您好！

我是本校××××级财经系会计专业的一名学生，我叫××。

我家住在××市××镇××村，家里现有五口人。年迈的奶奶常年卧病在床，需要很多的医药费。姐姐现在就读于××科技大学研究生院外语系。我和姐姐同时上学使家里负担沉重，家里只靠父母亲种地来维持生活。每次我和姐姐要交学费，父母在掏空家里积蓄的同时还要四处借钱，多年来家里已欠下不少的外债。种地本身就不挣钱，就那么几亩地，除去我和姐姐的学费之外，家里的生活常常捉襟见肘。大一我发了一学年的传单，因为我深刻地意识到自己应该靠自己的劳动来缓解家里的负担。可这两年来的物价上涨让我发现努力赚来的那点钱根本帮不了多大的忙，而我只能更加省吃俭用。可就在去年，在我往家里打了一个电话之后得知：母亲从田里回家时，因为天黑被一辆车撞到了，司机逃逸，幸好伤势不是很严重，可还是肩膀骨折并断了两根肋骨。母亲的伤让原本就负担沉重的家里雪上加霜。母亲的肩膀到现在还很难抬起，从那以后就不能干重活了。今年粮食收获的时候连续下雨，导致庄稼严重减产。我今年的学费也是暑假自己挣钱和母亲到亲戚家借来的。

开门见山，交代个人家庭基本情况，语言朴实、感人。

我已经成为一名大二的学生了，在校的这两年里，我收获了许多。班级就如同一个小家，在这个家庭里，我结交了一些与我志同道合的朋友，也获取了大量的专业知识。这些无疑是我以后走向社会的财富。对于身在其中的我来说，为这个小家付出是我义不容辞的责任。在大一学年，我积极进取，竞选班委，曾经担任过宣传委员、文艺委员。我想借着每期黑板报来表达我对这个班级的热爱，借着每次的活动来体现我积极为班级服务的心情。我曾先后主办过以“教师节”“感恩”“地平线教育”“圣诞节”为主题的黑板报，这些活动也给了爱好画画、写字的我一个展示自己的舞台。我还积极参与了班级和系里举办的大小活动，像拔河比赛、定向越野赛、辩论赛、话剧比赛、运动会等。在辩论赛和话剧比赛中，我班均取得了第二名的好成绩。我也积极参与班级活动，如包饺子、去金沙滩、爬崂山等一系列有意思的活动。在班级举办的晚会中，我还担任过主持人。其中，第一学期期末的元旦晚会和教师节晚会让我记忆深刻。在以上这些活动中，我都努力地为这个班集体奉献自己的力量。我觉得自己过得很充实并取得了许多意想不到的收获。我下决心在本学年更加积极地参与到各种班级和学院的活动中去。在参加活动的同时，我也努力地学习，上学年期末成绩我仅有一科为中，其他均为优良。我希望能获得这次的助学金，在本学年我会更加努力，积极进取，不会向困难屈服。

家穷志不穷，自己在困境中依然积极进取，以在学习、思想道德修养方面的良好表现打动领导，使申请更易获得领导同意。

我希望我可以得到这次的国家助学金，那样可以减少一些学费带来的家庭负担。我很需要这笔钱，真诚希望领导和老师能给我这次机会，使我能够全身心地投入学习中，再也不用为生活费去发愁。我会加倍努力学习，积极参加各种活动，争取将来可以为国家和社会贡献出自己的一分力量。日后自己一有能力，就马上回报社会，回报学校给我的帮助，并且去帮助所有需要帮助的人。真心感谢学校领导和老师，并希望领导、老师能够批准我的申请。谢谢！

此致

敬礼

申请人：×××

××××年××月××日

结尾总结，再一次恳切地提出申请希望，并向领导表决心。

三、申请书的写作要求

申请书是书信的一种，但它是一种特殊的书信。与人们日常生活中个人之间的一般通信不同，申请书的写作要求一事一议。一篇成功的申请书，其遣词造句必须做到精练、明快，不允许拖泥带水、含糊其词。在正文部分阐述申请原因时，申请人应以生动简洁的语言把理由讲充分。同时，强调申请书语言的规范并不是要削弱它的文采，只有具备文采的申请书，才更能打动人。但是，简洁并不等于单调浅陋，也不是随意的省略，而应该是智慧的结晶。

第二节　活动策划书

结构模板

主要项目	要点
策划书的名称	策划者（单位）名称 + 策划内容 + 策划书
活动背景、目的与意义	突出该活动的核心构成或策划的独到之处
活动开展	活动流程安排、奖项设置、时间设定、人员的组织配置、活动对象、相应权责及时间和执行的应变程序
活动经费预算	根据实际情况具体核算活动的各项费用，用清晰明了的形式列出
活动安全	注明组织者、负责人等

一、活动策划书概述

活动策划书是指企事业单位或社团为了有效开展某项活动，在活动开展前对活动的内容、主题、目的、流程等进行全方位策划的一种书面文书。

大学生活丰富多彩，学校、系部、班级或一些社团、协会都会组织各种各样的活动。大学是知识的殿堂，也是放飞青春梦想的乐园。在这里，大学生可以尽情地施展自身才华，锻炼和提高自己的综合素质。活动策划书就是为了有效开展各项活动，即对某个未来的活动或者事件进行策划并展现给读者的文本。大学期间，大学生可能会写各种校园文化活动策划书、主题活动策划书、文艺晚会活动策划书等。

二、活动策划书的结构

1. 策划书的名称

策划书的名称应简单明了，如“××活动策划书”，“××”为活动内容或活动主题，不需要冠以协会名称。如果需要冠以协会名称，则可考虑以正、副标题的形式出现。避免使用诸如“社团活动策划书”等模糊标题。

2. 活动背景、目的与意义

活动背景、活动目的与活动意义要贯穿一致，突出该活动的核心构成或策划的独到之处。活动背景要求紧扣时代背景、社会背景与教育背景，鲜明体现在活动主题上；活动目的即活动要达到的目标，陈述活动目的要简洁明了，要具体化；活动意义包括文化意义、教育意义以及预期在活动中产生怎样的效果或影响等，书写应明确、具体、到位。

3. 活动时间与地点

该项必须详细写出，非一次性举办的常规活动、项目活动必须列出时间安排表。活动时间与地点要考虑周密，充分顾及各种客观情况，比如教室申请、场地因素、天气状况等。

4. 活动开展形式

该项须写明所开展活动的形式，比如文艺演出、文体竞赛、影视欣赏、知识宣传、展览、调查、讲座等。

5. 活动内容

活动内容为活动举办的关键部分。活动内容要符合时代主旋律和校园文化建设内涵，健康向上，富有教育意义与启示意义；杜绝涉及非健康文化的消极内容；要详细介绍所开展活动的主要内容，如影片放映要写出影片的性质、名称和大致内容。

6. 活动开展

活动开展作为策划的主体部分，表述力求详尽，不局限于用文字表述，也可适当加入统计图表、数据等，便于统筹。活动开展应包括活动流程安排、奖项设置、时间设定等。涉及奖项评定标准、活动规则可以附录的形式出现。活动流程大致可以分为三个阶段。

（1）活动准备阶段，包括海报宣传、前期报名、赞助经费等。

（2）活动举办阶段，包括人员的组织配置、场地安排情况等，须注明阶段负责人、指导单位、参加人数等信息。

（3）活动后续阶段，包括结果公示、活动开展情况总结等。

7. 活动经费预算

经费预算要尽量符合实际花费；做出每一笔经费预算开支，以便于报销处理（报销时附正规发票）。如果开展大型活动需资金赞助，则联系社团外联部。

8. 活动安全

开展大型活动和户外活动要成立安全小组，指定第一安全负责人，充分考虑安全隐患，把人身安全放在活动开展的首要位置。在策划书的结尾，除写明策划单位、策划时间以外，还须由协会负责人亲自签名，并盖上协会印章，以示责任。

例文解析

【例文】

××大学春游爬山活动策划书

一、活动名称

结伴同行大联谊 敞开胸怀赏美景

二、活动背景

春意盎然，大自然慢慢地在和煦的春风吹拂下苏醒，百花盛开，新叶招展，一派风光，让人如痴如醉。为积极推进各项活动有秩序地开展，尽快搞好社团建设工作，我们举办此次以“敞开胸怀”大联谊为主题的南山出游活动，让我们在欣赏大自然美好风光的同时，通过组织游戏、比赛等趣味活动，使我们社团的成员更加团结，和同盟社团齐肩并进，在就业联盟会的共同组织和带领下较好较快地发展。

> 评析
>
> 以美丽的自然春景为开头，写了组织春游爬山活动的背景和目的。

三、活动目的

1. 丰富校园文化生活，激发同学们更加努力学习的信心。

2. 缓解同学们的身心疲劳，消除学习压力。

3. 增进社团成员的友谊，增强社团的凝聚力。

四、活动时间和地点

1. 活动时间：2019 年 5 月 1 日 8：00—16：00。

2. 活动地点：南山。

五、活动内容

（一）前期准备工作

1. 买零食、饮料、活动奖励物品等。

负责人：王××、马××

2. 组织召开联盟会常务理事会，传达春游的消息，了解出游行程，统计活动参与人员。提醒出游时应该注意的问题，例如，不要私自离队走动，注意人身财产安全，带充满电的手机一部等。

负责人：王××、李××

3. 活动前期宣传，通知同盟社团各协会成员，准备春游时的旗帜、口号、数码相机等。

负责人：崔××、吴××

4. 活动经费预算

零食（山楂、瓜子等）50 元，奖品（中性笔 3 套）60 元，奖状（20 张）20 元，合计 130 元整。

（二）活动当天事宜

1. 集合事宜：早上 7：40 准时在旧图书馆门前集合，各社团负责人清点实到人数，汇报联盟会处，并强调全体成员出游时应该注意的事项。

负责人：王××、李××

2. 各社团负责人维持好本社团的纪律，保证有秩序地集体缓步上山，紧跟队伍，避免掉队。

负责人：李××、薛××、张××、宋××

3. 摄影留念工作。

负责人：李××、薛××、张××、宋××

4. 四个社团各协调两人携带零食、饮料、礼品等。

负责人：宋××、薛××

5. 半山歇息（约 20 分钟）。

负责人：王××、李××、各协会会长

6. 就业联盟会联谊，各协会通过内部联谊选出优秀节目，大家分享（约 2 小时）。

负责人：王××、李××

7. 带队老师、联盟会会长对本次活动进行总结，了解全体成员对本次春游活动的满意程度（约 1 小时）。

8. 清点人数和自带物品，收起垃圾废物，下山。

9. 下山后各社团负责人清点人数，汇报联盟会处。

负责人：王××

10. 应急预案。

（1）若由于天气原因活动不能按期进行，则改期进行，具体时间另行通知。

活动内容分前期准备工作、活动当天事宜、后期工作几个部分写。活动安排周密，分工明确，行程妥当，使人一看就清楚明了。

此活动策划书内容详细，安排合理，考虑周全，具有指导性和可操作性。

（2）出发前成员有身体不适等情况不能正常参加的，则允假休息。

（3）活动过程中，若发生崴脚、中暑等突发事件，后勤负责人员积极采取应急措施。

（4）活动过程中，若有人员不齐、离散等情况，各协会负责人应及时联络，确保安全。

（三）后期工作

将本次活动的照片制成纪念册；在博客上发帖，表达春游的心情和感想；做好团讯总结。

负责人：王××、李××及各协会会长

三、活动策划书的写作要求

1. 做好调研是写好活动策划书的基础

组织策划好一项活动必须先对活动开展的可行性进行调研，这是保证活动有效开展的基础。

2. 目标明确是写好活动策划书的前提

目标是写活动策划书要达到的预期目的，即活动举办的意义，它规定了活动的总任务。只有目标明确，才能使策划书写作有明确的方向，把握好尺度。

3. 活动对象的定位是写好活动策划书的条件

明确策划书是给谁写的，如为大学迎新晚会之用，那可能是一场新老同学的才艺表演，而不能搞成酒会。只有对象明确了，活动才会组织得有品位、有原则，从而产生预期的活动效果。

4. 主题确定是写好活动策划书的关键

确定主题是整个活动策划中最出彩的环节。富有创意的主题能吸引和感染公众。主题越好，越能引起人们的注意，使其产生心理共鸣，从而取得较好的活动效果。

5. 有序安排的环节是写好活动策划书的要求

判断一份策划书写得怎样，要看它能否充分表达策划者的思想，以及能否真正指导活动参与者的行动。要达到这一要求，让参与者知道如何去做，就必须在活动的各个环节调配各方力量，合理地安排各个环节具体实施的时间、地点和方法等。只有这样，才能充分发挥各方作用，从而使活动井然有序地进行。

第三节 计划

计划是大学生在平常的学习、生活和工作中常用到的文体。“凡事预则立，不预则废”，对于学习和工作，事先做一个安排或设计或规划，可以使自己明确方向，对未来更有信心。

结构模板

项目		要点
标题		完全式标题：计划制作者名称＋时间＋内容＋文种 非完全式标题：时间＋内容＋文种或内容＋文种
正文	前言	用简短的文字说明制订计划的依据、目的或指导思想
	主体	计划的目标和任务；计划的办法与措施
	结尾	强调有关事项，表明决心或提出号召
落款		写明作者和成文时间

一、计划概述

（一）计划的概念

计划是党政机关、企事业单位、社会团体、部门或个人对未来一段时期的学习、工作或活动预先做出安排，并用书面的形式写下来的一种事务性文书。

计划的使用范围很广，大至国家，小到乡村、班级、小组和个人，只要是对未来的事情提出的预想，都可以用计划来表达。但计划不是单一文种，而是由规划、纲要、设想、方案、要点、打算、安排等文种共同组成的一种文体，叫作计划性文体。这些名称是根据计划目标远近、时间长短、内容详略等差异而确定的。具体介绍如下。

（1）规划。规划是一种时间跨度较长、范围广、带有全局性、内容较为概括的计划。

（2）纲要。纲要是一种提纲挈领式的计划，是为了实现总体目标做出的长远部署，时间跨度较长，比规划更有原则，有较强的政策性、思想性和指导性。

（3）设想。设想是一种粗线条的、预备性的非正式计划，属于工作的初步构思，一般具有远景性、理想性、可变性。

（4）方案。方案是对未来某一重要的专门事项从总体上所做的最佳选择与安排，适用于专业性强、部署周密的工作。

（5）要点。要点通常指在一个时期的工作计划尚未正式出台之前，先拿出一个工作要点发给各部门，待正式的计划出台后，其使命即告完结，有人称之为“准计划”。

（6）打算。打算是一种近期要做、内容不多、范围不大的非正式计划。

（7）安排。安排是针对较短时期（周、月、季度等）所提出的工作计划。这类计划范围小、时间短、内容单一、布置具体。

（二）计划的特点

1. 超前性

计划是事前制订的，因而必须有超前的思想，对未来有科学的预见，对可能发生的问题、出现的情况、各种因素的变化都要有足够的估计、科学的分析和判断，并有相应的对策。

2. 指导性

计划是行动的方向，一经制订，就要对学习、工作中的实际活动起指导和约束作用。工作的开展、时间的安排等，都必须按计划执行。

3. 可行性

计划是要付诸实施的，因而，制订计划要依据客观事实，不能凭个人的主观愿望和意志；要认真、深入、系统、全面地调查研究，在此基础上提出切实可行的指标和措施，以保证计划完成。

4. 创新性

如果计划没有创新性，每年都是老一套，这样的计划不如不要。所以，计划一定要有创新精神。

二、计划的结构

计划的文体结构一般有两种：一种是表格式，写法灵活，没有固定的格式；另一种是条文式，需要按照一定的格式采写。条文式计划一般由标题、正文、落款三部分组成。

1. 标题

（1）完全式标题。常规写法是由计划制作者名称、时间、内容或事由、文种四个要素组成，如“××大学 2018—2019 年第二学期工作计划”。此外，标题中还可能出现第五部分，若计划还不成熟或未经批准，则在标题尾部加括号，注明“草案”“初稿”或“讨论稿”，如“首都师范大学学生会宣传部新学期工作计划（审议稿）”。

（2）非完全式标题。一是省略计划制作者名称，由时间、内容和文种组成，如“2018 年度学习计划”。二是省略计划制作者名称和时间两个要素，由内容和文种构成，如“科研工作计划”。

也有只用文种做标题的，不过这种写法不是很正规，一般不提倡。通常情况下，基层单位的计划省略要素的情况较普遍，因为涉及范围小，有些要素不标明大家也明白。

2. 正文

正文是计划的具体内容，一般包括前言、主体和结尾三部分。

（1）前言。前言主要是简明扼要地说明制订计划的背景、依据、目的、意义、指导思想等，也可以简要分析前段工作、生产的基本情况和存在的问题等，为制订计划提供可靠的依据。常用“特拟订本计划如下”等过渡。

前言的详略长短要根据计划的重要程度、内容的多少来确定，总体上以精练简洁为原则。

（2）主体。主体主要包括两部分。

①目标和任务。这是计划的核心内容，阐述“做什么”，提出目标、任务以及要达到的数量和质量的指标，必要时可以分解，使总目标、总任务具体化、明确化。

②办法与措施。这是完成目标和任务的保证，说明“怎么做”，要详细地说明完成任务的具体措施、步骤以及人力、物力、财力的安排。分工要明确，条理要清楚，时间安排应当具体，到什么时间完成哪些任务都要适当说明。

（3）结尾。结尾可以提出希望、发出号召、展望前景、明确执行要求，也可以在正文结束之后自然终结。

3. 落款

正文的右下方署上制订计划的单位名称和日期。如果标题中已有单位名称，署名可省略。

例文解析

【例文】

××班新学期班级工作计划

新的学期又开始了，时间过得很快，转眼间，我们已经大三了。在过去的两年时间里，我们班的同学一起努力，取得了不错的成绩，班级同学彼此间的感情也不断加深。为加强我班建设，促进我班同学全面发展，圆满完成学习任务，把我班建成一个团结、奋进、和谐的班集体，借鉴上一学年的成功经验，结合我班的实际情况，经班委集体研究，特制订本学期的班级工作计划。

一、工作总目标

1. 增强同学们的集体荣誉感，增强班集体凝聚力。

2. 学生以学为本，力求班级整体成绩更上一层楼；同时，丰富课余文化生活。

3. 在上一届班委工作的基础之上，树立班级形象，争创院级、校级先进班级。

二、具体措施及步骤

1. 积极开展文体活动。在本学期开展一至两次文体活动，比如羽毛球比赛、男女混合的篮球比赛等。还有，

评析

写制订计划的依据和目的，自然引出下面计划的正文。

细化目标。

在期中组织一次集体出游，以此达到增强同学间感情及锻炼身体的目的。

2. 发扬班集体的爱心，向每一位需要帮助的班级成员伸出最无私的援助之手。计划与青年志愿队联系，参与一次大型的公益活动，如慰问养老院等。

3. 实行班务公开。设立班务公开日（一月一次），使班级事务更加公开化、透明化，使班里的同学人人都可以参与到集体事务中来。同时，广泛采纳同学们对班级事务的意见，集思广益，争取使班级工作更上一层楼。

4. 建立学习互助对子，让学习成绩较为落后的同学得到及时的帮助，同时也能培养同学们的互助精神，增强同学间的友谊。建立互助对子以自愿为原则，形成互助对子后通知班级便可，并根据两人的学期期末成绩在其综合测评中适当加分。

计划的内容详尽，目标具体明确，措施具有可操作性，体现了计划的指导作用。

5. 在已建立班级群的基础上，创建班级校友录或主页，在网络上展现班级的风采；作为同学们心与心交流的无限空间，让大家更好地融入班集体这个大家庭中；还可以建设成为宣传班级形象的阵地，提高班级影响力，方便今后组织交流及活动通知，并有利于先进班级的评定；还要建立个人档案、个人简介，向来访者展示××班每位同学的独特魅力；如可能，还将成为日后用人单位认识本班同学的窗口。

措施和步骤逐步展开。

6. 在工作方面，班长、团支书及副班长、副团支书既要分工明确又要相互配合，坚持每周开班委会，针对班内出现的新问题制订新的对策。班委会由班长或团支书主持召开，应积极准备，保证开会效率。另外，班会负责人要做好记录，以便开展工作。

收尾提出要求。

以上就是本班在新学期的工作计划。总而言之，在这个学期，班委会会尽其所能，好好工作，努力为同学们服务，使同学们更加团结、友爱，使我们的班级更加优秀。

××班班委

××××年××月××日

例文解析 

【例文】

本学期学习计划

为了明确学习目标，提高效率，掌握有关技能，丰富专业知识，特制订本学期学习计划如下。

一、主要任务

1. 通过计算机等级一级考试、英语应用能力三级考试和会计从业资格考试。

2. 专业课考试成绩达到“优秀”，其他课程考试达到“良好”以上。

3. 体育项目达标，积极参加体育锻炼，增强身体素质。

4. 多看课外书，上网查阅资料，不断丰富知识。

5. 坚持书法练习，不断提高书写水平。

二、具体措施

1. 计算机打字一直是我的弱项，每天下午下课后应去机房多练习；英语基础不够扎实，每天早晨和晚上各抽出半个小时听英语磁带，而且要多说多背；在空闲时，多看一些财会方面的书籍，多做一些练习，为确保通过会计从业资格考试而准备。

2. 课前要做好预习，有不懂的地方做好记号；上课时要认真听讲，做好相关笔记，有不懂的地方及时提出并弄懂；课后要做好复习，及时独立完成老师布置的作业。与同学互相交流，取长补短，共同进步。

3. 认真上好体育课，加强锻炼，平时多活动。

4. 充分利用自习时间，认真看书；平时多去图书馆阅读报刊；抽出一定时间上网阅读，不断丰富各方面的知识。

5. 保持对书法的爱好，每周要抽出一定时间坚持练习，还要虚心向行家求教。若有机会则积极参加各种大赛，不断提高自己的水平。

以上是我本学期的学习计划，我要经常以此对照，狠抓落实，积极完成每一项任务，使自己不断进步。

会计 3 班：×××

××××年××月××日

评析

用简短的文字写明制订计划的目的和意义。

以列条式的结构写出计划的任务，即说明“做什么”。

针对计划的任务，具体写出实施计划的措施和步骤，即具体说明“怎么做”。

这份个人学期计划任务具体明确，措施步骤切实可行，语言简洁明了，行文条理清楚。

三、计划的写作要求

1. 从实际出发，统筹兼顾

无论是撰写长期计划还是短期计划，都必须从实际出发，要充分考虑客观条件。撰写的计划既要有前瞻性，又要留有余地，使计划执行者通过一番努力能够完成。大学生在写学期学习计划或工作计划或未来职业规划时，一定要根据实际情况或客观条件量力而行，使计划的任务和目标能够实施和完成。计划的目标切忌过大，否则就成了纸上谈兵，失去了计划的指导作用。

2. 突出重点，主次分明

一段时间内要完成的事情很多，先做什么，后做什么，主要做什么，次要做什么，必须分清轻重缓急，突出重点，以点带面，不能眉毛胡子一把抓；要有重有轻，点面结合，有条不紊，这样才有利于工作的全面开展，达到事半功倍的效果。

3. 目标明确，表述正确

计划的目的、任务、要求、方法、措施、步骤等都要具体写明，用准确的文字表述清楚，尽量做到具体化、可操作性强，以便执行检查。

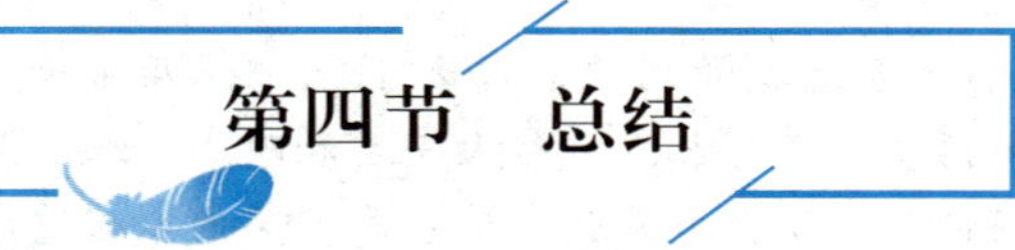

第四节　总结

当学习或工作进展到一定阶段或已完成时，个体要善于总结，从中得到经验教训，以便更好地指导今后的学习和工作。无论是制订计划还是撰写总结，都是为了更好地规划未来。

结构模板

项目		要点
标题		公文式标题：单位名称＋时间＋内容＋文种 文章式标题：概括总结主要内容或基本观点，标题中不出现“总结”字样 双标题：正副标题式标题
正文	前言	用简短的文字概述总结的基本情况
	主体	写成绩及问题，详细分析经验及教训
	结尾	总结全文
落款		写明作者和成文时间

一、总结概述

（一）总结的概念

总结是单位或个人对过去一段时期内的实践活动做出系统的回顾、归纳、分析、评价，并从中得出规律性的认识，用以指导今后工作的事务性文书。

总结是做好各项工作的重要环节，是将感性认识上升到理性认识的必由之路。古人云："前事不忘，后事之师。"通过总结，可以检查和评价前一段时期的工作，从而肯定成绩、发现问题、明确方向，少走弯路，多出成果；通过总结，可以从成功中积累经验，从失败中吸取教训，不断提高认识水平和工作能力，从而提高工作和学习的效率。

（二）总结的特点

1. 内容的自我性

总结是本单位或个体自身的实践活动的产物。回顾时应以客观事实为依据，不允许编造。

2. 回顾的理论性

总结虽具有自我性，但它不是工作实践的记录，不能完全照搬工作实践的全过程。在回顾的基础上，通过分析研究，归纳出能够反映事物本质的规律，把感性认识上升到理性认识，这正是总结的价值所在。

（三）总结的种类

1. 按内容划分

按内容，总结可分为工作总结、学习总结、思想总结、科研总结等。

2. 按时间划分

按时间，总结可分为年度总结、季度总结、月份总结等。

3. 按范围划分

按范围，总结可分为个人总结、部门总结、单位总结、地区总结等。

4. 按性质划分

按性质，总结可分为综合总结、专题总结等。综合总结又叫全面总结，主要用于对一个地区、一个部门或一个单位在一定时期内的各项工作进行全面系统的回顾与分析，包括成绩、问题、经验、教训等。专题总结又叫单项总结，是一个地区、一个部门或一个单位对过去的某一方面进行的专门总结，一般选取某些突出的成绩、典型的经验或者带有典型意义的问题来进行总结。

二、总结的结构

总结在日常生活、学习、工作中使用极为广泛，其在长期使用过程中逐渐形成了相对固定的格式。总结一般由标题、正文和落款三部分组成。

1. 标题

总结的标题有多种，常见的有以下几种。

（1）公文式标题。由单位名称、时间、主要内容、文种组成，如"××市财政局2018年工作总结”。

（2）文章式标题。用简练、概括的语言揭示总结的主要内容或基本观点，标题中不出现“总结”字样，如“告别过去　憧憬未来”。

（3）双标题。正题揭示观点或概括内容，副标题补充说明，如“义不容辞的职责——班长工作总结”。

2. 正文

正文一般由前言、主体和结尾三部分组成。

（1）前言。简明扼要地概述基本情况，交代时代背景、取得的主要成绩或效果等，目的是为主体内容的展开做铺垫。

（2）主体。这部分是总结的核心内容，主要写取得的成绩、存在的问题及得到的经验、教训。

总结的主体无论怎样写都离不开事件、过程、结果、体会、展望等，这几方面都要根据客观实际阐述。如在相关政策的指导下做了哪些事，怎样做的，结果如何，取得了哪些成绩，有哪些体会。重点分析取得的成绩，以及取得成绩的原因和做法，用具体的材料和数据表达出来，并从中归纳出规律性的经验，作为今后学习、工作的借鉴。

任何事物都不是绝对的，有了成绩和经验，也会存在问题和教训。分析原因，吸取教训，以便在今后的工作中改进，同时还要对未来的工作进行展望。

（3）结尾。可以自然收尾，也可以概述全文，点明要点。

3. 落款

在正文右下方署上单位名称，名称下方标明日期。如果单位名称已署在标题下方，此处可省略。

例文解析

【例文】

个人学期工作总结

这一学期以来，在学院老师和学生会干部的领导下，我参与组织开展了一系列的工作和活动，从中学到了很多东西，现将这学期工作总结如下。

本学期，我继续在学生会宣传部担任干事，主要负责与记者团的沟通。当接到学院有相关活动需要摄影和拟写简报时，我及时通知各记者团组长安排好人员。这项工作看似简单，实际操作起来会遇到人员安排和稿件上传不及时等问题，其间我学到了很多。

另外，在我院本学期开展的“师范技能节”中，我们部门主要负责“说课大赛”这项活动，配合两位部门负

评析

开头总述过去一年所做的工作和取得的成就，自然过渡到正文。

责人做好宣传、通知、现场安排等工作。在组织同学参赛的过程中，我在一定程度上提高了个人素质，锻炼了自我能力，努力服务于同学，实现了自身的价值。

此外，院刊《团学快讯》的出刊，使全校师生都能从中了解我院团学工作的动态，我也参与了印刷、分发的工作。遗憾的是，由我负责编辑的《未来教师》由于稿件数量问题，本学期无法出刊。原因可能是宣传力度不够，无法调动大家写作的积极性。这也成了这学期我充实的工作中一个较大的遗憾。这些主观的经验和客观的因素，也促使我在下学期的工作中不断地努力和完善。同时，我想说，成功与失败就好比一对孪生兄妹，与生俱来，浑然天成，它们地位等同。胜不骄，败不馁，也许人在最痛苦的时候成长得更快。在生活和工作中做个有心人，一切都会好起来的。

正文写自己在担任学生会宣传部干事期间组织的一些活动及完成的工作。

除此之外，我还协助其他部门开展了一些活动，配合他们完成工作。我尝试了很多以前没有接触过的工作，也对学生会《中国教育文摘》的工作有了更新的认识，更让我结交了很多好朋友。每一个成员都是一本使我受益的大书，在一次次的交流中，我从他们身上学到了很多东西。特别是两位部门负责人亲切果断的工作作风使我受益良多。在学生会里还有很多的经典语句，例如，高调做事，低调做人。虽是些诙谐的语句，却拉近了彼此的距离，同时不失为一剂精神的良药。

总结分析取得的经验、收获和存在的问题，并找出规律性的认识。行文有条理，选取材料突出。

工作无小事，事事都不能懈怠。干事更要不断地提高自身的素质，才能把工作做得更好，才能更好地服务于同学。在过去的学期里，我脚踏实地做了一些工作，但由于自己的水平和经验不足，还存在着一定的问题。在新的一年里，我还必须继续努力，争取做得更好。

结尾用简练的语言指出了自己在工作中存在的不足，满怀信心地展望了新学期。

×××

××××年××月××日

三、总结的写作要求

1. 实事求是，广搜材料

实事求是是写好总结的重要原则，必须贯串于撰写总结的全过程。写总结常会出现两种倾向：一种是好大喜功，只提成绩，不谈问题；另一种是将总结写成检讨书，把学习、工作说得一无是处。这两种倾向都不是实事求是的态度。写总结要从实际出发，实事求是地反映事物本来的面貌，概括总结出事物固有的规律，而不是主观臆造。

2. 揭示本质，探求规律

抓住主要矛盾，揭示事物的本质特点，探求事物的发展规律，归纳出对现实有指导意义的新鲜经验。这是总结的价值所在，也是衡量总结质量高低的主要标志。

3. 点面结合，叙议穿插

"点"是指反映事物本质、说明事物主旨的人与事。"点"的材料要具体、典型、有代表性，"面"的材料要概括、简略。点面结合，才能体现出总结的深度和广度。

写总结还要处理好叙与议的关系。回顾工作主要靠叙述，归纳经验主要靠议论。但叙、议是密不可分的，往往交替使用，相互穿插，这样写出的总结才能既有实在的内容，又有一定的高度。

知识链接

计划与总结的区别

（1）计划在事前，总结在事后。一个是"将来时"，在工作之前制订；一个是"过去时"，在工作到一定阶段或计划完成后进行。

（2）计划侧重目标任务、具体方法步骤，总结重在概括经验规律。计划是为了完成一定的目标和任务，重在叙述说明；总结是对一定阶段的工作或计划执行情况做出总分析、评价，重在找出规律性的东西，做出理论概括。

（3）计划是做什么，怎么做，做到什么程度；总结是做了什么，做得怎样，有什么规律。

第五节　社会实践报告

结构模板

项目	要点
标题	公文式标题和文章式标题
前言	写出社会实践的参加者及实践的主题、时间、地点
正文	活动内容、经验体会、理性思考、问题和建议、对社会实践活动的评价
结语	表达作者的观点
落款	署名和报告完成的时间

一、社会实践报告概述

（一）社会实践报告的概念

社会实践报告是对某一情况、某一事件、某一经验或问题，经过在社会实践中对其客观实际情况的调查了解，将调查了解到的全部情况和材料进行去粗取精、去伪存真、由此及彼、由表及里的分析研究，揭示出本质，寻找出规律，总结出经验，最后以书面形式陈述出来的参与实践活动的成果。

当今社会人才竞争日益激烈，大学生作为未来社会的栋梁之材，不仅要掌握扎实的专业学科知识，还要有一定的社会实践经历，以锻炼才干，提高能力。越来越多的大学生利用假期走入社会，参加各种各样的社会实践活动。社会实践报告就是在社会实践中针对某一问题或现象或对参加的社会活动内容，经过调查、分析、整理、加工得出的实践成果。大学生写的社会实践报告多以假期实践报告、实习实践报告为主，内容或结合所学专业，或是自己的兴趣爱好，或是完成学校、老师布置的任务。

（二）社会实践报告的特点

1. 真实性

所谓真实性，就是尊重客观事实，靠事实说话。这一特点要求调研人员必须树立严谨的科学态度、认真求实的精神。只有这样，才能写出真实可靠、对学习工作具有指导意义的社会实践报告。

2. 针对性

调查研究具有很强的针对性，因此大学生写作社会实践报告时必须中心突出，明确提出所针对的问题，明确交代针对这一问题所获得的事实材料，分析出问题的症结所在，提出具体可行的建议和对策。

3. 典型性

典型性是指在社会实践报告的写作过程中所采用的事实材料要具有代表性，所揭示的问题带有普遍性。这种典型特点在总结经验和反映典型事件的调查中表现得尤为突出。

4. 系统性或完整性

社会实践报告的系统性或完整性是指由调查材料所得出的结论必须是具有说服力的，把被调查的情况完整、系统地交代清楚。

总的来说，社会实践报告要做到论证系统、逻辑严密，摆事实，讲道理，具有强烈的说服力，从而成为科学决策的可靠资料。

二、社会实践报告的结构

社会实践报告的结构不像文学作品那样灵活自由，它有一个大体的模式，要根据主旨的需要，精心地布局谋篇，很好地反映客观事物。一般来说，社会实践报告的内容大体包括标题、导语、概况介绍、资料统计、理性分析、总结和结论或对策、建议，以及所附的材料等。由此形成的社会实践报告结构就包括标题、前言、正文、结语和落款几部分。

1. 标题

社会实践报告的标题有公文式标题和文章式标题两种形式。

（1）公文式标题。公文式标题即“发文主题 + 文种”，基本格式为“××关于×××的社会实践报告”“关于×××的社会实践报告”“×××实践”等。

（2）文章式标题。这类实践报告的标题比较灵活，标题中可不写“社会实践报告”或“调查”的字样，有的概括出社会实践报告的基本内容，如“深入农村体验生活的心灵感悟”；有的采取提问的形式，如“怎样度过一个有意义的假期”“大学生究竟需要什么读物”；有的显示作者自己的观点，如“实践出真知，社会大课堂”。

2. 前言

前言要写出社会实践的参加者及实践的主题、时间、地点，然后用“现将此次实践活动的有关情况报告如下”过渡到正文。

3. 正文

社会实践报告的核心内容，大致包括活动内容、经验体会、理性思考、问题和建议。作为学生应该着重写自己的认识，特别要写出自己的体会、思考后的理性认识、对社会实践活动的评价。

4. 结语

结语即结尾，是社会实践报告的结束语，作者常在此部分表达自己的观点，对主体部分的内容进行概括、升华。

5. 落款

落款即署名和报告完成的时间。写上参加实践的个人或群体（如班、组），报告完成的时间。

例文解析

【例文】

寒假做家教社会实践报告

大学的第一个寒假，我除了在家陪父母、看书学习，还在我们小区附近找了份家教工作。对象是两个小女孩，一个要小升初，一个要中考。我辅导她们学习英语，每天上午、下午各两小时。短短 20 天的家教实践让我受益匪浅，既锻炼了能力又实现了自身价值，为以后从事相关工作也积累了丰富的社会实践经验。

辅导是在其中一个孩子家进行，时间是每天上午 9 点到 11 点，中间有一段休息的时间，下午 3 点到 5 点。第一天辅导，我并没有马上开始课本知识的讲解，而是让孩子们围着桌子坐成一圈，听她们说说自己的情况，比如对

评析

文章式标题。

前言简明扼要地叙述了寒假社会实践的内容、时间、地点及收获。

课本内容哪里比较感兴趣，哪部分还很薄弱。也许是学校的老师从来没有这样问过她们的学习意见，她们顿时打开话匣子，争先恐后地对我说她们平时在学校上课时很多不明白和她们认为不合适的地方，从学习讲到活动，从课堂讲到作业，从性格讲到爱好。最后，我们并没有因为讲了不少不开心的事而烦恼，而是聊得很开心。

第一次做家教，没有刚开始就讲知识，而是和孩子们交谈，以了解她们的学习情况，从而有针对性地开展辅导。

在交谈中，我可以感受到她们都有很强的求知欲，但是由于诸多原因，她们的成绩不尽如人意。父母对她们抱有很大的期望，希望她们能够考上重点中学，而她们现在的学习情况让父母感到担忧。我感受到父母心中那种望子成龙的殷切期望，感受到他们对孩子的期望是那样热切、无私。他们看得很远，看到了孩子的未来。我被父母对子女的这种情义深深打动了，同时感到肩上的担子很重，对于没有任何家教经验的我来说，毕竟是一个挑战。

第二天，我开始了正式辅导，但是我发现她们在学习上很随意，对自己要求不严格。我意识到现在的首要任务不是讲课，而是帮助她们端正学习态度。我讲了我自己和我同学的一些学习经历，告诉她们学习态度和学习兴趣的重要性。她们不时地点头表示同意。此后，我也经常和她们聊类似的话题，不时地与她们交流学习体会。慢慢的，她们听课的状态有了很大的改变。在以后的讲课中，我对她们的要求渐渐严格起来。

在辅导过程中，我发现了她们学习成绩之所以上不去是因为学习态度不端正，通过讲述自己的学习经历和体会以及正面的说教，给予了她们正确的引导，使她们的听课状态有了很大的改变。

在辅导她们英语之余，我还把她们从前做过的卷子拿出来，想全面地为她们辅导。我发现上初三那个女孩的语文卷子字迹很潦草，很多错误都没有标出来。她说不想答卷子，上课也没有好好听讲。我跟她讲了卷面整洁的重要性，并帮她纠正了错误。通过分析她的语文卷子，我发现她在回答问题上很有自己的想法，思路也很清楚，只是答题的态度不端正，有点应付的感觉。一次考试的作文是以“流水”为主题，她写了一个溪流和瀑布的寓言故事，讲述了“水滴石穿”的道理，语言流畅，叙述也很生动。从这可以看出，她是一个思维敏捷、有独特想法的孩子，如果她认真审题、仔细做答的话，我相信她会有很不错的成绩。我把我的想法和思路都告诉她，她频频点头表示赞同。此后，我不时地与她交流学习体会，她的听课状态比以前有了很大的改观，我也感到欣喜万分。看到两个孩子取得了进步，我认识到其实学习都是相通的，不论学习什么课程，只要端正学习态度，养成良好的学习习惯，肯下功夫用心学，肯定能学好。

由于做家教，我被迫改掉了假期睡懒觉的习惯。每天早晨按时起床，上课，回家后总会有一种十分充实的感觉。转眼她们就要开学了，我也结束了为期20天的家教生活。她们的学习态度比以前端正了许多，学习也知道使劲了，以前的疑难问题基本得到了解决，英语水平也有了很大提高。她们的父母很感激我这段时间的帮助。看到她们的进步，我也很欣慰。临别时我们拥抱了一下，那时，我真的感觉自己拥抱的不是我的学生，而是我的妹妹。这些天来，我把很大的精力放在了课程内容的安排上，她们的进步就是我最大的收获。

由于自己的努力，做家教不仅使那两个孩子学习有了进步和提高，也使自己的假期过得很充实。最后总结这次寒假做家教实践给自己带来的感触和收获。

假期做家教的实践经历给了我很多在学校里无法学习到的东西，让我有了很多感触。最深切的感受就是：不论什么事，只有亲身体验过，才会有真实的感受，才能对这件事有比较直接的、深刻的认识。还有一点就是，世上无易事，均须用心去做。这些收获和体会将对我以后的学习、生活，乃至工作产生积极的影响。同时，这20天的家教实践锻炼了我的表达能力、交往能力以及职业技能，拉近了与社会的距离，也开阔了视野，增长了才干，能更好地明确自己的奋斗目标。这个假期我过得很充实、很有意义，也很快乐。

三、社会实践报告的写作要求

一般而言，要想写出一篇优秀的社会实践报告必须做到以下几点。

1. 必须是自己有计划、有目的地实践过后写出的书面报告

社会实践报告就是大学生深入社会、深入生活，通过参与、体验、实践之后对实践经历的回顾、认识、分析、总结而写出的文章。因此，必须先有实践才有实践报告，一篇实践报告必须要写实践经历和过程，如果只谈经验体会，那也不是完整的社会实践报告。

2. 要遵循实事求是的原则

无论是实践的内容、过程还是对实践活动的总结评价，一定是以客观事实为依据的，不能任意编造、杜撰或抄袭。

3. 要善于做认真的分析与总结

对掌握的大量材料做去粗取精、去伪存真、由此及彼、由表及里的处理，要透过表面现象看到事物的真面目，抓住它的本质，从而得出正确的判断和结论。从实

践经历中选取一些印象深的、体会深的，或有意义、有价值的材料事件，有重点地写，更能突出主题，激发思考。

4. 要选用切实、可靠的材料说明观点

社会实践报告所揭示的结论必须是通过对具体情况、具体事实做客观的叙述和分析后很自然地得出的。大学生写作社会实践报告时，要善于用精确、充足的材料来说明观点，不能脱离材料空发议论；也不能只摆一大堆材料，而不提出明确的观点和结论。

5. 社会实践报告的语言表述要朴素、明确、实在

社会实践报告的表达方式比较灵活。大学生写作社会实践报告时，要注意把说理和叙事有机地结合起来，并善于运用简要的议论总结经验、梳理认识；在写作时可以运用多种表达方式来渲染气氛、增强感情。

知 识 链 接

社会实践报告的写作步骤

（一）确定主题

主题是社会实践报告的灵魂，对社会实践报告写作的成败具有决定性的意义。因此，确定主题要注意：

（1）报告的主题应与实践主题一致。

（2）要根据实践和分析的结果，重新确定主题。

（3）主题宜小且宜集中，与标题协调一致，避免文题不符。

（二）取舍材料

对经过统计分析与理论分析所得到的系统的、完整的调查资料，在组织调查报告时仍需精心选择，不可能也不必都写进报告，要注意取舍。

（1）选取与主题有关的材料，去掉无关的、关系不大的、次要的、非本质的材料，使主题集中、鲜明、突出。

（2）注意材料点与面的结合。材料不仅要支持报告中的某个观点，而且要相互支持。

（3）在现有的材料中，要比较、鉴别、精选材料，选择最好的材料来支持自己的观点。

（三）布局和拟订提纲

这是社会实践报告构思中的一个关键环节。布局就是指社会实践报告的表现形式，反映在提纲上就是文章的骨架。拟订提纲的过程实际上就是把调查材料进一步分类、构架的过程。构架的原则：围绕主题，层层进逼，环环相扣。提纲或骨架的特点是它内在的逻辑性，要求必须纲目分明、层次分明。

社会实践报告的提纲有两种：一种是观点式提纲，即将实践者在实践研究中形成的观点按逻辑关系一一地列写出来；另一种是条目式提纲，即按层次意义表达上的章、节、目，一条条地写成提纲。也可以将这两种形式结合起来制作提纲。

（四）起草社会实践报告

这是报告写作的行文阶段。要根据已经确定的主题、选好的材料和写作提纲，有条不紊地行文。写作过程中，要从实际需要出发选用语言，灵活地划分段落。

（五）修改社会实践报告

社会实践报告起草好以后，要认真修改。主要是对报告的主题、材料、结构、语言文字和标点符号进行检查，加以增、删、改、调。在完成这些工作之后，才能定稿。

第六节　毕业设计

结构模板

项目	要点
标题	毕业设计的名称，一般不超过 20 个字
摘要	对设计的内容、目的、意义等做简要陈述
关键词	用 3～8 个词表达设计的中心内容
正文	引言、设计任务分析、方案初步选定、方案详细设计、总结评价
结语	对设计做出的总结
附录	这部分可有可无，视情况而定
参考文献	参考的国内外研究成果

一、毕业设计概述

（一）毕业设计的概念

毕业设计是指工科大学生毕业前在教师指导下，综合运用所学专业知识和技能，针对职业岗位中现实的课题（或问题）进行分析研究后写成的具有应用价值的文章。

毕业设计是工科大学生把所学的基础理论、专业知识和生产管理知识融会贯通之后进行的最后一个重要的实践环节。毕业设计能使大学生综合应用所学的各种理论知识和技能，进行全面、系统、严格的技术及基本能力的练习。毕业设计相当于一般高等学校的毕业论文，目的是总结检查大学生在校期间的学习成果，是评定毕业成绩的重要依据。同时，毕业设计也使大学生对某一课题做专门、深入、系统的研究，巩固、扩大、加深已有知识，培养综合运用已有知识独立解决问题的能力，为大学生毕业后尽快胜任岗位工作奠定良好的基础。

（二）毕业设计的特点

1. 科学性

毕业设计本质上属于科技论文。虽然应届毕业生在试验或考查中对专业项目进行设计带有一定的主观性、预测性，但其设计也应具有一定的科学性，这样才能体现其对知识的掌握及运用能力。

2. 严谨性

毕业设计方案应缜密严谨，力求详尽，以策划为主。策划文案设计应包括活动环境分析、总目标、内容和措施、方案与实施、费用预算、日程安排等，如缺少项目，则无法实施。

3. 考查性

由于应届毕业生缺少设计操作经验，加上时间仓促，一般与实际设计要求会有一定的距离。毕业设计重在强调使大学生熟悉设计的过程，考查其运用原理的能力、查阅资料的能力、绘制图纸的能力、数据分析的能力以及文案写作能力，力求使大学生得到全面的能力训练。

二、毕业设计的结构

1. 标题

标题应简短、明确，有概括性。标题可以使读者大致了解毕业设计的内容、专业特点和科学的范畴。标题名称一般不超过 20 个字。

2. 摘要

对设计的简要陈述，说明本设计的基本内容及其在生产实践中的作用，论证本设计方案的指导思想与合理性，以及采用的新技术、新工艺、新材料等；如果由此产生了社会效益和经济效益，应当重点指出。

3. 关键词

由 3 ~ 8 个表达设计的中心内容的词语组成。

4. 正文

一般由引言、设计任务分析、方案初步选定、方案详细设计、总结评价五部分构成。

（1）引言。设计的开头部分，主要写设计的来源与目的、意义。

（2）设计任务分析。写明设计要解决的主要问题，并认定关键问题或难点问题。

（3）方案初步选定。一般有三种写法：或提出方案设计的大体思路与基本框架，或进行调查分析后选定初步方案，或进行多种方案的比较后选定相对的最佳方案。

（4）方案详细设计。这部分内容是设计的重点，应按设计内容与过程顺序规范地撰写。

（5）总结评价。根据设计的任务要求，结合本设计成果的科学性、创新性、可靠性、实用性、经济性等相关要求，对方案的优缺点进行如实的总结评价。

5. 结语

对设计内容做出总结，指出优点与缺点，若有不足之处也可进行说明。

6. 附录

这部分视情况而定，如有篇幅较长、格式特殊而又具有相对独立性、确实不方便在设计说明书中表述的构成内容，如图纸、试验或观测的详细数据汇总等，可以附录形式附上。

7. 参考文献

参考文献应该尽数罗列，按照规范的要求撰写。

知识链接

撰写毕业设计的程序

（一）确定课题

选题是毕业设计的关键。一个良好的课题能强化理论知识及实践技能，使大学生充分发挥其创造力，圆满地完成毕业设计。

毕业设计的课题可从以下几个方面综合考虑。

（1）有利于综合所学知识。

（2）能结合学科特点。

（3）尽可能联系实际。

（4）有一定的应用价值。

根据以上要求，可以考虑从以下角度挖掘课题。

（1）学科教学的延伸。例如，结合电气控制线路，要求学生设计机械动力头控制电路并安装调试，结合数字电路进行逻辑电路的设计与装接。

（2）多学科的综合。结合某专业学科确定一个综合课题，假如课题较大，可分解为几个子课题，交由不同的小组完成，最后再整合成一个完整的课题。如机电专业设计的课题——大型城市的交通信号灯指示，这个课题可分为电子系统控制的信号灯显示、信号长短计时的时钟电路两个子课题。

（3）结合生产实际。学校可以和一些单位联合，共同开发一批有实用价值、适合大学生设计的课题，甚至可以某些单位的某项生产任务为设计课题。学校应注重课题资料的积累，尽量选取最适合教学内容又贴近生产实际的课题，完成资料库的建设，为今后课题的不断完善打下良好的基础。

（二）项目分析

毕业设计需对一个即将进行开发的项目的一部分进行系统分析（需求分析、平台选型、分块、设计部分模块的细化）。这类设计的重点是收集整理应用项目的背景分析、需求分析、平台选型、总体设计（分块）、设计部分模块的细化、使用的开发工具的内容。

（三）指导设计

指导教师给学生布置任务后，要指导学生分析课题，确定设计思路，充分利用技术资料，注重设计方法，合理使用工具书。学生在设计时应注重理论与实际的差距，充分考虑设计的可行性。指导教师要注重学生完成任务的质量和速度，及时指出其存在的不足，启发其独立思考。在设计过程中，应指导学生养成良好的安全意识和严谨的工作作风。设计完成后，学生应撰写毕业设计，对自己的设计过程做全面的总结。

例文解析 

【例文】

关于学生成绩管理系统的设计报告

河北铁路职业技术学院信息管理系　周文君

摘要：本文设计了一般学校通用的“学生成绩管理系统”。本设计采用目前通用的小型数据库 Fox BASE 语言编写，以适应现行学校内部与外部交换信息的需要。

本设计以 Fox BASE 为核心模块，开发出菜单、运算功能等模块，采用功能模块式的组合方式，构建整个系统。

关键词：数据库　学生成绩　管理系统　设计

一、前言

目前，大多数学校在利用计算机管理学生成绩方面还停留在单独表格式文件管理上，没有形成系统，即采用的是半手工、半计算机的管理方式，在计算机上编排学生成绩名册，并录入成绩，进行手工统计，最后排版打印。这种方式造成了很大的浪费，即计算机资源得不到充分利用，且每学期录入一次名单，手工统计一次分数，费时费工。

为解决这一问题，设计者先后调查了 5 所中小学校和 3 所大学，分析了学生成绩管理工作一般过程的需要，设计了本管理系统。

二、系统原理说明

（一）系统构建依据

本系统构建依据是一般学校的学生成绩管理过程，其过程是：新生学籍登记—年级上下学期成绩登记—各个学期成绩登记—毕业成绩汇总。

（二）系统内容和性能

在这个过程中，各环节所需要的功能如下。

学籍登记需要，包括名单录入、修改、查询、打印等功能。

评析

以设计课题为标题。

摘要和前言简要说明设计的原因、目的，表明本设计既具有实用性，又有社会效益和潜在的经济效益。

设计内容分“系统原理说明”和“系统设计”两部分。“系统原理说明”部分，首先说明构建系统的现实依据，其次说明系统的内容和性能。

各学期学习成绩需要，包括名单录入、学习科目名称录入、各科成绩登记、各科人均分数、各科分数段人数统计、学生个人各科成绩平均分数、各科补考人数统计和补考成绩登记。

毕业成绩汇总需要，包括登记各学期成绩、统计学习总分和平均分、登记毕业实习和论文成绩等。

以上各项必须具有录入、修改、查询和打印功能，已录入成绩需要具有计算、统计等功能。

整体系统如下图所示（图略）。

三、系统设计

（一）数据库文件

1. 成绩库文件字段含义

（1）QCJ（ABCD）库

Q101——“Q”期中，“1”第一学期，“01”第一门课程。

Q202——“Q”期中，“2”第一学期，“02”第一门课程。

F101——FQ101 <60，读入 1。

FZ——第一学期不及格课程门数。

FZ2——第二学期不及格课程门数。

QZ——第一学期期中总分。

QZ2——第二学期期中总分。

QP——第一学期期中平均分。

QP2——第二学期期中平均分。

KQ01——第一学期期中考试门数。

…………

2. 打印库文件

（1）文件名：kcdy. dbf。

说明：本库用于打印各类成绩报表有关课程名称、学院名称、专业名称。与其他库的连接为“班级”。

（2）文件名：xjdy. dbf。

…………

“系统设计”部分从技术角度论述系统的组成。

（二）功能模块设计

（1）软件整体界面与功能模块程序设计（略）。

（2）录入、修改、查询界面与功能模块程序设计（略）。

（3）运算、统计、打印界面与功能模块程序设计（略）。

（三）数据库文件与功能模块文件关系一览表（略）

附件：

1. 软件整体界面程序
2. 录入、修改、查询程序
3. 运算、统计、打印程序

将设计成果有关程序软件作为附件附于设计报告之后，以证明真实性。

参考文献

[1] ××. Fox BASE 编程 [M]. 北京：××××出版社，1995.

[2] ××. 小型数据库适用案例 [M]. 北京：××××出版社，1996.

文末注明参考文献。

三、毕业设计的写作要求

1. 选题适度可行

由于受时间、条件的限制，毕业设计不宜选择过难、过复杂的项目，而且技术上还要较先进，具有可行性。

2. 内容重点突出

毕业设计的内容要突出重点，要把重点放在设计的独到之处，或者是有所改进，或者是有所创造。

3. 说明详尽、准确

设计原理、方案选择、参数特征等尽可能详尽、准确，以真实地反映写作者的学业水平。

4. 文面整洁规范

毕业设计要按规定的格式写作。图纸应当认真绘制，做到准确、整洁，与说明书有关叙述相一致，符合工程制图的规定要求。

第七节 毕业论文

结构模板

项目	要点
标题	对论文内容的高度概括，反映论文的中心内容
署名	论文作者和指导老师姓名
摘要	对论文主要内容的简短概述
关键词	用来表达论文主要内容信息的词语或术语，一般为3～5个
引言	引导读者理解论文内容的部分，可写论文选题的意义及论文的学术价值等
正文	提出问题—分析问题—解决问题
结论	可有可无，视情况而定
参考文献	参考文献名称、作者、出版社名称、出版年月、版次等

一、毕业论文概述

（一）毕业论文的概念

毕业论文是大学生临近毕业时所提交的一篇具有一定学术价值的文章。毕业论文写作是大学教学计划中一个重要的部分和实践环节，是对大学生学习成果的综合检验，是判断大学生是否具备毕业条件的一种方式。大学生在撰写毕业论文的过程中，培养了综合运用所学专业知识和理论的实践能力以及初级的科学研究能力，掌握了基本的论文写作程序和技法，并且在提出观点的同时，在一定程度上培养了创新能力，为进一步的学习和工作打下了一定的基础。

（二）毕业论文的特点

1. 学术性

学术性是毕业论文的本质属性。它体现为论文作者对某一学科专题的本质与规律的研究和对研究结果的科学表达，以专门性和创新性为主要特色，要求在立论、论证、研究方法和结论方面具有较高的或一定的学术价值。

2. 理论性

理论性是毕业论文的基调。它要求谈论、观察、分析事物都要站在应有的理论高度，对论点、结论等要做必要的理论概括，即使是应用性的学术论文和调查、测试性的研究报告，也要以理论为指导。

3. 科学性

科学性是毕业论文的基石。它是指研究成果的形成以科学的世界观和方法论为指导，以客观的材料和科学的理论为基础，用恰当的科学方法和严谨的科学态度去分析材料、观察事物、总结规律，从而得出可靠和可信的结论。科学的世界观和方法论主要包括辩证唯物主义、历史唯物主义等。此外，诸如演绎法、归纳法、共时法、历时法、对比法、定义法、文本阐释法、统计法、批评法以及不同视角的研究（如哲学的、伦理学的、心理学的、社会学的、文学的）也都是常见的研究方法。

4. 创新性

创新性是毕业论文的灵魂。没有创新性，论文的价值无从谈起。创新性是指论文作者能用与众不同的新观点和新视角去研究问题，得出新的结论。创新性既可体现为选题的新颖，又可体现为研究方法的独特，还可体现为所用材料比别人新（如较多地使用第一手资料），而且能用新观点、新视角或新方法去分析研究这些材料。在内容上有创见，在研究方法上有独特之处，得出的结论有价值（学术价值、实用价值、认识价值）是创新性的三大关键。

5. 规范性

规范性是毕业论文的特质属性。所谓规范性，是指论文作者必须遵守一些业内公认的格式。这些格式主要包括论文整体结构格式、行文的空格空行格式、标题页格式、提纲格式、引语格式、注释格式、参考文献格式等。

二、毕业论文的结构

1. 标题

标题设计要吸引人，而选题无须考虑这方面的问题。论文的标题是论文给人的是第一印象，因此要精心设计。一篇论文能否让读者有兴趣读下去，题目十分重要。标题是否吸引人，在一定程度上影响着指导教师对毕业论文的成绩判定。依据一个选题，论文写出来后，其标题存在 3 种情况：①选题即标题，简单省事，但往往缺乏吸引力。②标题太大，文章内容论述太浅，可改标题，使文题更贴切些。否则，只有充实内容，增加文章篇幅。③围绕选题写出论文后定题较困难，可待文章完成第一稿后，再仔细定题。大部分学生通常采用的是“试论……”“浅析……”“……探索”“……初探”，这样的标题无吸引力，而且显得论文档次较低，千篇一律，建议少用。

2. 署名

毕业论文要署上论文作者和指导教师的姓名。

3. 摘要

摘要反映论文内容梗概，是供文献检索的信息资料，是相对独立的部分。其写作要规范，要求简洁明了，能概括地表述写论文的目的、内容、方法、结果或结论。摘要要用通俗、简练的语言。一般一篇 4000 ~ 8000 字的论文，其摘要部分在 100 字以内。

4. 关键词

关键词是表达论文主要内容的词或术语，是论文的重要检索点。关键词一般由3 ~ 5个词或词组组成。关键词一般可以直接从论文题目或论文正文中抽取。

5. 引言

这部分的目的在于引导读者理解论文的内容，其地位十分重要。引言即开头，可以采用直接切入式（开门见山）和间接导入式（引用案例或从某事件谈起）的方法。初学写论文的大学生一般宜采用直接切入式开头，因为间接导入式开头虽易把握，但容易偏离主题，反而会破坏整篇文章。不管采用哪种方式，引言部分的写作应当包括以下内容：①选题原因和意义，有时还要简要介绍前人的研究状况。②论文中主要应用了哪些理论，采用了哪种方法（如调查研究方法）。③介绍论文包括哪些部分以及每一部分的主要内容，给读者一个论文的整体印象。④论文的学术价值，也就是说写作此论文能给人们带来什么启示或借鉴等。

6. 正文

正文的内容和结构的写作应符合以下三个要求。

（1）论题集中，重点突出。一篇论文应围绕论题展开，不能写散了，要在有限的篇幅内把主题写深、写透，要考虑什么内容该写，什么内容不该写。

（2）理论联系实际。经济类论文一定要理论与实践相结合，运用大量案例的文章才更显生动、更具价值。纯理论的经济类文章没有太大的应用价值，除非是创新理论和某一学科的工具书。

（3）思路顺畅，语言通畅。毕业论文不是散文，不能想到什么写什么。论文的各部分之间的内容应存在逻辑联系，不能相互割裂。

论文正文最基本的结构如下：一是提出问题（现状及存在的问题）；二是分析问题（引用大量案例来分析为什么存在这些问题，原因何在）；三是解决问题（对策和建议部分）。

7. 结论

这部分可有可无，要根据文章的情况而定。这一部分主要提出下一步的研究方向，或者此论文可能带给人们的启示或借鉴。这部分写几行字或几句话即可，不要再重复文章中的内容，否则会破坏文章的整体性。

8. 参考文献

参考文献是判定论文价值的重要依据。在论文的后面应附上写作论文时参考的期刊、著作、报纸、电子文献等，这样论文的写作才规范。

例文解析 

【例文】

论会计职业道德[①]

山西财贸职业技术学院会计102班　王华
指导教师：武姝芬

摘要：诚实是中华民族的优良传统和美德，也是会计职业道德的重要内容。文章从我国会计领域诚信失范分析入手，论述了树立会计诚信的意义及如何建立会计诚信机制。本文在分析了我国会计职业道德失范的现状和原因的基础上，提出了完善我国会计职业道德失范的相关对策和对从事会计职业的从业人员进一步的相关继续教育。

关键词：会计职业道德；诚信机制；完善对策

引言：会计职业道德，就是会计人员在会计事务中正确处理人与人之间经济关系的行为规范总和，即会计人员从事会计工作应遵循的道德标准。“不做假账”是会计从业人员基本的职业道德和行为准则。会计行业本身的性质决定了所有会计人员必须以诚信为本，操守为重，遵循准则，不做假账，保证会计信息的真实、可靠。正因为会计行业有它那诚信、真实、可靠的职业本质，才获得社会的信赖与赞誉。当今，随着经济的快速发展，会计管理工作也越来越重要，尤其是会计信息越来越被广大决策者、投资者、债权人、企业管理者等会计信息使用者所重视，成了政府部门进行宏观决策的重要依据。但同时，会计造假、会计信息失真的现象也越来越严重，几乎成为一种较为普遍的现象。因此，对会计职业道德的建设和对会计工作人员的进一步教育刻不容缓。

一、当前我国会计职业道德失范的现状

中华人民共和国成立以来，我国的会计法制和职业道德建设取得了显著成效，特别是在计划经济时期，广大会计人员树立了良好的会计职业道德风尚。党的十一届三中全会以后，随着改革开放和现代化建设事业的深入发展，广大会计人员与时俱进、开拓创新，在社会主义市场经济体制的建立与发展中做出了突出成绩，促进了社会主义市场经济的快速发展。但是，我们在充分肯定会计职业道德建设取得成绩的同时，也不应忽视存在的问题。

① 有修改。

评析

标题直接揭示主题。

摘要部分用简练的语言概述了论文的中心内容。

关键词集中概括文章内容。

引言部分用通俗易懂的语言阐释了会计职业道德的标准、内涵及会计行业内乱现象，帮助读者更好地理解论文内容。

第一部分提出问题：会计职业道德失范的现状。

（一）会计信息失真，会计基础工作管理弱化

一些企业为了自身的利益，不认真履行会计工作原则，私自更改会计数据，假账真算，真账假算，造成账实不符，导致企业产生不同程度的亏损。这样，不法人员就可以转移国家资产、偷逃税款。还有一些不法人员有意不建账或使账目混乱，不按公司规定制作会计报表，故意制造出混乱，以便浑水摸鱼、谋取私利。在会计工作中，经常出现一些不法行为，大多是因为会计人员的法律意识淡薄，自我控制和约束的能力不强。一方面，我国会计人员是企业的管理人员，在日常工作中，要为维护企业的利益和经济效益而努力；另一方面，他们还是维护国家利益的重要保证，在所工作的单位，会计人员要认真落实国家制定的相关执业规范。但当国家利益与各会计主体利益相冲突时，由于会计人员不具备独立的地位和决策权，所以难免受制于人、听人指挥，最后的结果必然是出现权力和利益的倾斜。

分析会计基础工作管理弱化的现状和原因。

（二）管理制度不合理，会计工作的落实有偏差

我国的会计工作是持证上岗的，这个制度已经执行了很多年了，但仍有一些学历不合格、无证的人员上岗。这些人的财政知识与技术能力都不足，难以胜任会计工作，严重影响了会计工作的知识性、严肃性，也无法保证会计工作的质量。会计工作不仅要保证企业财政的完整，还要对企业负责，确保企业能长期稳定地发展。可如今，却出现了重效益、轻执法的情况。我们看到一些企业在介绍会计人员的种种先进工作事迹时，对严格会计管理说得头头是道，但真正去维护现代企业的利益时，这些会计人员又显得力不从心，不严格执法，疏于管理，各种会计工作问题日益暴露出来。会计工作不但在企业的发展中受到排挤，更严重的是，还无法得到政府的保护和支持，整个会计工作的落实有偏差。

分析管理制度方面的问题。

（三）会计人员职业道德观念淡薄，职业道德失范的状况堪忧

在现实中，一些会计人员在国家、社会公众利益与单位利益发生冲突时，不能够坚持准则，甚至作弊，为违法违纪活动出谋划策，直接参与伪造、变造虚假会计凭证、会计账簿、会计报表。据财政部重点课题组调查显示：①当会计人员在工作中同单位负责人的意见发生分歧时，仅仅有16.8%的会计人员认为应当做到坚持原则。更令

分析会计人员自身的问题。

人震惊的是，在遇到这种情况时居然有占83.13%的会计人员认为应按单位负责人的意见掩盖问题，应付社会和国家有关部门的监督检查。②对当前普遍发生的会计信息失真的现象，会计人员主动出谋划策的占11.2%，配合单位负责人作假的占26.8%，被迫操作的占44.7%，因业务水平低而出错的占17.3%。③部分公司受利益驱动，在会计信息披露中弄虚作假，会计造假案频发。近年来，我国出现了许多令人触目惊心的会计造假案，严重违反了会计职业道德。会计职业道德失范乃是一个在利益驱动之下有着深刻社会背景的复杂的社会问题。

二、影响会计职业道德建设的因素

随着现代化社会分工的发展和专业化程度的提高，市场竞争日趋激烈。社会经济成分、组织形式、就业方式、利益关系和社会分配方式多样化的趋势，以及由信息技术推动的经济变革的迅猛发展，使得当今社会悄然进入新经济时代。一方面，适应现代社会的发展要求，会计职业自身的专业规则越来越多，会计职业的技术要求越来越复杂；另一方面，不论是机构内部会计人员还是会计师事务所的执业人员，都面对着企事业单位管理当局基于其主体利益而对会计人员施加压力的情况。

第二部分分析影响会计职业道德建设的主要因素。

（一）社会上不良风气的影响

随着市场经济关系的日趋复杂，会计行业中的非理性行为越来越多，贪污造假事件屡见不鲜。会计人员在社会的大环境中工作，一旦歪曲了道德与人生价值观，便会动摇职业道德基础，为达到个人目的，不顾职业操守，铤而走险，弄虚作假，提供虚假财务信息。

分析客观环境的影响。

（二）会计人员自身素质的影响

会计人员的综合素质是影响会计人员职业道德建设的决定因素。一方面，会计人员本身的素质较低，知识老化，责任心不强，想当然地工作，必会影响单位的财务管理水平和经济效益；另一方面，有些会计人员法制观念淡薄，分不清什么可为、什么不可为，工作中不能够廉洁自律、实事求是、客观公正地办理经济业务，为了自身的利益，不顾一切地伪造、变造、隐匿或毁损会计资料，提供虚假的会计信息，甚至利用职务之便监守自盗，贪污、挪用公款，最终走上犯罪道路，损害单位利益，从一定程度上影响了会计职业道德建设。熟悉法规是会计职业道德的基本要求，会计人员既要学习相关的法律法规，又要学习会计专业理论、新制度、新准则，还要学习会计职业道德规范。只有通过不断的、全面的学习，会计人员才能提高会计职业技能和专业能力，才能使自己懂得什么是对、什么是错，什么可以做、什么不可以做，什么必须提倡、什么要坚决反对，从心理上对会计职业道德有整体的认识。不难想象，一个丧失原则、认钱不认方向的拜金主义者如何能具备高尚的职业道德？不按原则办事，不仅残酷地抹杀了自己的前途，也损害了国家和人民的利益。

分析主观认识的影响。

（三）会计工作的惯性思维的影响

会计人员往往忙于简单的记账、算账、报账等传统的日常事务性工作，不能完成从核算型会计向管理型会计的转变；工作中墨守成规，缺乏进取精神，不能与时俱进地开展工作，从而导致财务管理缺乏有效的措施；对违规行为睁一只眼闭一只眼，不能给单位负责人提供有用的会计信息。会计实务中很重要的一个问题就是把企业和企业的投资者（所有者）的财产分开。投资者投入企业的财产就是企业的资产，企业享有独立的财产权，投资者不再拥有这些资产的所有权，而是拥有该企业相应的股权。有些投资者认为企业的资产就是他的资产，他可以随时把企业资产拿走；有的会计人员把投资者个人的财产也当作企业资产核算，这实际上模糊了“会计主体”的概念。会计人员思维方式中的收入，是根据会计准则和会计制度确定的收入；收到现金，不一定是收入，可能是收回上期的应收款，也可能是预收账款，需要根据权责发生制原则来确定收入；没有收到现金，如果符合收入确定条件的，也需要确认收入；而且即使收到的现金确实是本期的收入，如果是销售商品或者提供加工修理修配劳务取得的现金，需要扣除增值税后才能确认为收入，而不是把收到的现金全部确认为收入……

分析惯性思维的影响。

（四）内控制度设计问题的影响

加强职业道德建设不能只靠会计人员的良心，还必须建立完善的内部会计控制制度。如一些不相容职务的相互分离、相互监督、相互制约等制度。如果在制度执行中走了过场，没有严格按要求进行，将给一些道德观念不强的会计人员以可乘之机，使他们在犯罪的路上越走越远。内部控制制度设计得再完善，若没有称职的人员来执行，也不能发挥作用。企业的用人政策直接影响着企业能否吸收有较高能力的人员来执行内部控制制度。要杜绝账户设置

分析制度设计的影响。

不合理、记录不真实的情况，充分发挥会计控制制度的职能作用，则必须重视对内部控制制度管理人员的选用和培训，提高会计人员的素质，定期进行考评，奖优罚劣。

（五）会计工作的从属性的影响

在社会主义市场经济条件下，会计工作具有天然的从属性。会计人员为保住工作往往会屈从于领导的压力，被动采取某种“漂亮”的手段处理账务。因此，单位负责人的意志也直接影响着会计人员的职业道德建设。客观是指按事物的本来面目去反映，不掺杂个人的主观意愿，也不为他人所左右，既不夸大，也不缩小。对于会计职业和会计工作而言，客观主要包括以下含义：一是真实性，即以客观事实为依据，真实地记录和反映实际经济事项；二是可靠性，即会计核算要准确，记录要合格可靠，凭证要合法。公正就是公平正直，没有偏失，但不是中庸。公正主要包括以下含义：一是国家统一的会计准则、制度要公正；二是执行会计准则、制度的人，即单位管理层和会计人员不仅应当具备诚实的品质，而且应当公正地开展会计核算和会计监督工作，即在履行会计职能时，公平公正地对待利益各方。会计人员要做到这些，就要端正态度。坚持客观公正的基础是会计人员的态度、专业知识和专业技能。没有客观公正的态度，不可能尊重事实。有了正确的态度之后，没有扎实的理论功底和较高的专业技能，工作也会出现失误，感到力不从心。依法办事，认真遵守法律法规，是会计工作保证客观公正的前提。

分析会计工作地位的影响。

三、加强会计职业道德建设

（一）建立和完善相关的法律支持和政策保障（略）

（二）建立会计行业自律组织，强化行业监管（略）

（三）进行会计职业道德教育（略）

第三部分解决问题：提出加强会计职业道德建设的建议。

总结：随着市场经济的发展、经济全球化进程的加快、我国会计诚信机制的不断发展，会计改革不断深入，会计专业性和技术性日趋复杂，会计行业越来越为世人所瞩目，讲求会计诚信、加强会计职业道德建设显得尤为重要。中国会计业必将走向世界，其执业水平和执业作风必须经得起严峻的考验。每个会计人员必须从自身做起，从市场经济条件下管理工作的需求出发，转变观念，改进工作作风，提高服务意识，创造性地开展会计职业道德建设

结语总结全文，指出在当前经济发展局势下，完善会计诚信机制，加强会计职业道德建设的重要性和长远意义，重申本论文的论点。

工作。会计人员在工作中求真务实，依法办事，廉洁奉公，勤政为民，率先垂范，以身作则，以严明的制度约束自己，以高尚的职业道德感召世人。

参考文献：

[1] 罗宏，朱开熹．“不做假账”与会计学素质教育[J]．会计之友，2002 (1).

…………

注明参考文献。

例文解析 

【例文】

《红楼梦》中妙玉的形象再谈

×××

摘要：本文主要描写了妙玉的性格与爱情。她的出身、她所处的环境造就了她被扭曲的怪僻的性格，但她敢于打破世俗的常规戒律，去大胆追求正常人的生活和爱情。然而，一个人不可能超越其所处的历史阶段而存在，因此，妙玉最后仍是以悲剧结束了自己的生命。

关键词：妙玉　孤僻　性格　爱情

在《红楼梦》的“金陵十二钗”中，有一个披着面纱的神秘女子，她就是妙玉。妙玉与林黛玉不同，二人虽都是痛失双亲，才华馥仙，孤高自许，但妙玉却是身陷佛门，戴着无数的枷锁和羁绊。同时，妙玉也与贾惜春不同，惜春是身在凡尘，心向佛门，而妙玉是身在佛门，心向凡尘。那么，妙玉究竟是怎样一个人物？我们究竟该如何来看待她呢？这个人物身上又蕴含了怎样的内在意义呢？

为了更深刻地理解妙玉的形象特征，本文试从以下三个方面来予以探讨，以对妙玉这个人物及其在《红楼梦》中的角色地位有一个客观、清晰的了解。

评析

摘要简要叙述了《红楼梦》中妙玉的人物形象和人物命运，为正文论述做铺垫。

引言部分通过把妙玉和《红楼梦》中其他几个人进行对比，使读者陷入沉思，进而又提出几个问题，使读者产生探究的兴趣，也体现了本文的学术创新。

正文首先从《红楼梦》中对妙玉的描写，谈对这个人物形象的认识。

一、对妙玉人物形象的认识

我们先来看看《红楼梦》中专论妙玉的那支《世难容》的曲子："气质美如兰，才华馥比仙，天生成孤癖人皆罕。你道是啖肉食腥膻，视绮罗俗厌，却不知，太高人愈妒，过洁世同嫌。可叹这，青灯古殿人将老；辜负了，红粉朱楼春色阑。到头来，依旧是风尘肮脏违心愿，好一似，无瑕白玉遭泥陷；又何须，王孙公子叹无缘。"

作者以"世难容"三字来评述这支曲子，这三字不仅概括了妙玉的复杂性格，也道出了她曲折独特的一生。妙玉那"世难容"的思想性格和她那"世不容"的生活道路，蕴藏着发人深思的思想内容，熔铸着耐人寻味的社会意义。

《红楼梦》是一部反映中国封建社会的百科全书。它的锋芒所向，遍及整个中国封建社会的经济基础和上层建筑，当然也涉及上层建筑之一的宗教。书中描绘了大量的宗教仪式、道观寺院、僧尼道士，妙玉就是其中的一个。妙玉是一个介于幽尼与闺女之间的尴尬的人物。在她的身上，我们看到作者对封建宗教的虚伪本质进行了深刻的揭露与批判。同时，我们也体会出了妙玉这个介于"槛内"与"槛外"的尴尬之人的痛苦和无奈。妙玉虽自称是"槛外人"，但实际上她并未能迈出尘世的门槛儿。她的师父临寂时曾劝她留在京城，说到时候自然会有她的结果，而妙玉等来的结果却是被强人劫持受辱。这是她的师父预言不灵呢，还是妙玉修行未到家呢？

妙玉出家并非出于自愿。她不似宝玉、惜春看破红尘而遁入空门，而是因为自幼多病，找了许多替身皆不中用的情况下被迫入了佛门。所以，她有许多的不甘和挣扎。由此可见，妙玉以后的身心无法合而为一，无法一心向佛是有根可究、有源可寻的。她是在一种被逼迫的环境中长大，在少不更事的情况下向佛的。我们常说"兴趣是成功的一半""哪里有压迫，哪里就有反抗"，所以妙玉才产生了一种逆反心理，一心要打破佛家的清规戒律，渴望自由、亲情与爱情。

妙玉出身于仕宦之家，这使她秉承了一种雅洁之气。但她的身世又是不幸的，出家之后，父母俱亡，为睹观音遗迹和贝叶遗文，她随师从苏州到了京城。贾府为元春归省聘买尼姑，她因为“听见长安都中有观音遗迹并贝叶遗文”，被请到了大观园的栊翠庵。

二、如何来看待妙玉这个人物

妙玉是一个既亲和社会又远离社会的人，她把自己的一缕情丝束缚于若明若暗、若隐若现、似有似无、似梦似幻之中。第四十一回“栊翠庵茶品梅花雪”中，妙玉对宝玉的爱情已初露端倪，但必须在袈裟的掩盖下偷偷进行，而且要神不知鬼不觉，这就是妙玉的烦恼。“那妙玉便把宝钗和黛玉的衣襟一拉，二人随他出去，宝玉悄悄地随后跟了来……又见妙玉另拿了两只杯来。一个旁边有一耳，杯上镶着‘𤫩斝’三个隶字，后有一行小真字是‘晋王恺珍玩’，又有‘宋元丰五年四月眉山苏轼见于秘府’一行小字。妙玉斝了一杯，递与宝钗。那一只形似钵而小，也有三个垂珠篆字，镌着‘杏犀䀉’。妙玉斟了一䀉与黛玉。仍将前番自己常日吃茶的那只绿玉斗来斟与宝玉。”这一回把妙玉身在佛门心向尘俗的内心世界刻画得淋漓尽致。或许，她请宝钗和黛玉吃茶已是出于真诚，但这真诚的背后却隐藏着一个大秘密，那就是她二人是引宝玉入室的诱饵。一般的闺阁女子的房间岂容异姓男子出入，更何况是佛门女弟子的闺房？她明知宝玉和黛玉是形影不离的，所以她“拉”了钗黛而宝玉“随后跟了来”就是在本意之中的。珍奇的古玩茶具可能只有两个，但稍次些的贵重茶具却不可能没有，一个闺中少女怎可能“仍将前番自己常日吃茶的那只绿玉斗来斟与宝玉”？宝玉是未出家之人，又刚吃过酒肉，难道妙玉就不嫌他“肉食腥膻”吗？并且当宝玉说要把茶杯送给刘姥姥时，妙玉说“这也罢了，幸而那杯子是我没吃过的，若我使过，我就砸碎了也不能给他”。而宝玉却能用妙玉“常日”用的茶具饮茶，并且是“仍”，可见并非第一次。这就说明妙玉对宝玉有着不同于一般的感情。通过这件事情，她勇敢地向尘世迈进了一步，把袈裟下难以掩盖的爱情透露了出来。

列举了原著中对妙玉的描写片段，从而分析人物的形象特征。选取的材料翔实，具有典型性，能很好地体现人物的形象特征。

贾府里与妙玉性情相投的有四人：一个是邢岫烟，一个是惜春（高鹗续书），一个是黛玉，一个是宝玉。但是这四人也并非全与妙玉相契无间。邢岫烟幼时曾教妙玉识字，妙玉与岫烟交往，多半是出于师生之谊，未必真心推重岫烟。惜春虽与妙玉有共同的语言，但惜春身上多的是烟火气，少的是灵气。妙玉与她在一起谈经论佛可以，但要进行心灵交流，妙玉恐怕还认为惜春差一截。黛玉本是一个高洁孤僻之人，可妙玉的高洁与孤僻又胜黛玉三分，以致黛玉也有了远妙玉之意。如果说宝玉对黛玉还有一种俗情的话，那么他对妙玉压根不敢有这种感情，此情即使偶一闪念，他也会视为罪过，他对妙玉有的只是一种敬重之情。这样看来，宝玉对妙玉的疏远也是情理之中的了。正值青春芳龄的妙玉，在需要朋友的年龄，周围却没有一个朋友，她独守静庵，心中孤苦可知。

但妙玉是曹雪芹珍爱的人物之一。虽然在前八十回正面出场仅两次，又是“金陵十二钗”中唯一一个与四大家族没有亲戚和姻缘关系的女子，但她排名第六，在“脂粉英雄”王熙凤之前。她爱读庄子的文章，自认为是畸零之人，这意味着她对政治，对权力，没有兴趣；对社会，对俗世，对名利，也都看破。她不合群，自愿在边缘生存，享受孤独。但因为她能与天、与宇宙、与自然达到和谐，她又觉得自己很有尊严、很有价值，不可轻亵，凛然莫犯。

三、妙玉的人物塑造在《红楼梦》中表达的内在意义

妙玉，这枝古殿青灯旁的寒梅，孤僻如深山的石碑，清冷似冬天的早晨。在繁华的大观园里，她企图用蒲团载着青春去寻找空寂；栊翠庵的大门虽然整日关得紧紧，但并不能阻挡她心里的“邪魔”向外冲撞。她并不是“四大皆空”的出世者，而是一个硬把“七情六欲”苦苦包扎起来的“槛外人”。她是一个身穿道袍的小姐，又是一个心在朱楼的幽尼。

她的情感世界一样充满了矛盾与纠结，也许是由于礼教条规，或是由于她自尊孤寡的心理，她努力克制自己对宝玉那似有若无的情感，却还是走火入魔。尤以她这样古怪的个性更容易落人口实，说她是凡心大动，为宝玉害了相思病，这的确是有些道理的。只是一个原在栊翠庵这样清灵潜修之所的空门女子，偶然触动了庵外天地一阵撩人心悲的秋声弦音，总是会引起一些内在的、淡忘的关于情感和欲望的东西吧！像这样一个摒绝尘俗的人却落得遭盗匪强掳玷污的下场，原本已经是够嘲讽的了，却还不免流言口舌之讥，说她是暗通贼人，甘愿受辱，一个洁净孤傲的女孩便蒙受了如此的污名而亡。这也正应对了妙玉那“世难容”的思想性格以及她那“世不容”的生活道路和

必然的结局。

"金陵十二钗"正册里，妙玉这个人物的设计与塑造就特别凸显出曹雪芹对政治的超越。如果说秦可卿和贾元春身上的政治色彩太浓，那么妙玉身上的政治色彩却很淡。政治主要是个权力问题，所谓政治倾向，就是你究竟喜欢由哪种力量，喜欢由谁来掌握权力的内心看法。超越政治就是对权力分配不再感兴趣，就是认为不管你是哪派政治力量，作为权贵，你都不能以势压人。这样的想法当然就比拥护谁反对谁的政见高一个档次了。妙玉这个人物体现出曹雪芹从政治意识升华到了对社会中独立人格的关注，值得我们好好探索。

从更深层次探究人物塑造在著作中的内在意义，使得论文具有创新性和深刻性。

结语提出的观点令人深思，值得探索。

参考文献：

[1] 杨志敏．红楼漫谈［M］．武汉：武汉大学出版社，2004.

…………

三、毕业论文的写作要求

1. 理论联系实际

撰写毕业论文必须理论联系实际。科学研究的任务就在于揭示事物运动的规律，并用这种规律性的认识指导人们的实践，推动社会的发展与进步。无论选择什么样的研究课题，都必须贯彻理论联系实际的原则，做到古为今用、洋为中用，从对历史的研究中吸取有益于现实社会发展的经验和教训。

2. 立论要科学

毕业论文的科学性是指论文的基本观点和内容能够反映事物的内在本质和发展规律。论文的科学性来自对客观事物周密而详尽的调查研究，通常取决于论文作者在观察、分析问题时能否坚持实事求是的科学态度，还取决于论文作者的理论基础和专业知识。

3. 观点要创新

创新性是毕业论文的价值所在。文章的创新性，一般来说，就是要求不能简单重复前人的观点，而必须有自己的独立见解。学术论文如果毫无创新性，就不能称其研究为科学研究，因而也不能称为学术论文。毕业论文虽然着眼于对学生科学研究能力的基本训练，但创造性仍是其着力强调的一项基本要求。

4. 论据要翔实

毕业论文的论据要充分，还要善于选择，应用得当。一篇论文中不可能也没有必要把全部研究工作所得、古今中外的事实事例、精辟的论述、所有的实践数据、观察结果、调查结果等全部引用进来，而是要取其必要者，舍弃可有可无者。

5. 论证要严密

论证要严密、富有逻辑性，这样才能使论文具有说服力。从文章全局来说，论文作者提出问题、分析问题和解决问题，要符合客观事物的规律，符合人们对客观事物认识的程序。

6. 行文要规范

毕业论文要使用规范的书面语，做到准确、简明、流畅；体例要规范，要按照毕业论文的格式要求来写作。

撰写毕业论文的过程和步骤

（一）选题和开题论证

撰写毕业论文，首先要解决“研究什么”的问题，其次是“怎样研究”的问题，最后才是“如何表达”的问题。选题，就是解决“研究什么”的问题，如果没有明确的研究对象，就无从研究。同样，如果没有一个有价值的研究课题，即使研究的过程头头是道，表述得完美无缺，也没有任何用处。选择一个好的课题，毕业论文就成功了一半，所以选好课题是毕业论文写作成功的关键。

1. 选题的方法及原则

（1）要选择专业学科内容进行研究。大学生在选择毕业论文的题目时必须符合专业学科的要求，其研究的角度、方法，使用的理论知识，落脚点都要与在校学习期间的专业学科相关。因为毕业论文旨在考查大学生运用在校学得的理论知识分析和解决实际问题的能力，如果脱离所学专业范围，则失去了考查的意义。同时，只有选择所学专业学科范围内的课题，才能较好地完成毕业论文的写作与答辩。

（2）要选择有科学价值和现实意义的课题。科学研究的目的是更好地认识世界、改造世界，以推动社会不断发展和进步。因此，毕业论文的选题必须紧密结合社会主义物质文明和精神文明建设的需要，以促进科学事业的发展和解决现实存在的问题为出发点和落脚点。选题要符合科学研究的正确方向，要具有创新性，有理论价值和现实的指导意义。一项毫无意义的研究，即使花再多的精力，表达再完善，也没有丝毫价值。

2. 选题的具体方法

（1）浏览捕捉法。大学生将阅读所得到的方方面面的内容进行分类、排列、组合，从中寻找问题、发现问题，将自己在研究中的体会与资料分别加以比较，找出哪些体会在资料中没有或部分没有；哪些体会虽然资料已有，但自己对此有不同看法；哪些体会和资料是基本一致的；哪些体会是在资料基础上的深化和发挥等。这样经过深思熟虑，大学生就容易萌生自己的想法。把这种想法及时捕捉住，再做进一步的思考，选题的目标就会渐渐明确起来。

（2）追溯验证法。先有拟想，再通过阅读资料加以验证来确定选题的方法。

3. 选题论证——撰写开题报告

毕业论文选定课题后，一般需要撰写简短的开题论证，以厘清选题过程的逻辑思路，重新理性审查选定课题的价值及解决的可能性。同时，大学生通过开题论证可以向指导教师汇报选题工作的过程和下一步深入研究的初步打算和计划，以得到指导教师的指点和帮助。研究生撰写毕业论文时，还要举行开题论证导师听证会，当获得通过后，方可进入研究撰写阶段，以避免走弯路。大专、本科段毕业生虽不举行听证会，但一般须写出书面的开题论证报告。

开题论证报告由以下内容组成：（1）对选定课题进行研究的原因、目的、意义及价值。（2）国内外的发展现状、趋势。（3）前期选题工作中材料收集的基本情况。（4）拟采用的研究方法和手段。（5）下一步进行研究和撰写毕业论文的基本思路。（6）下一步材料收集的方向和范围。（7）目前和预想到的研究中的困难。（8）希望得到指导教师帮助的具体问题。（9）研究成果的最终情况预计。

大学生需根据以上 9 个方面写出 500 ~ 1000 字的书面报告，在正式撰写毕业论文前经指导教师通过，方可进入研究撰写阶段。

（二）整理研究

整理研究的一般程序是收集资料、研究资料、明确论点和选定材料、执笔撰写、修改定稿。

1. 研究课题的基础工作——收集资料

收集资料是撰写论文的第一步，也是关键的一步。大学生可以去图书馆、资料室查阅有关文献资料，也可通过实地调查研究、实验与观察等来收集资料。收集资料越具体、细致越好，最好把想要收集资料的文献目录、详细计划都列出来。首先，查阅资料时要掌握图书分类法，要善于利用书目、索引，要熟练地使用其他工具书，如年鉴、文摘、表册等。其次，做实地调查研究。调查研究能获得最真实可靠、最丰富的第一手资料。调查研究时要做到目的明确、对象明确、内容明确。调查的方法有普遍调查、重点调查、典型调查、抽样调查等。调查的方式有开会、访问、问卷等。最后，实验与观察。实验与观察是收集科学资料数据、获得感性知识的基本途径，是形成、产生、发展和检验科学理论的实践基础，运用本方法时要认真全面地记录。

2. 研究课题的重点工作——研究资料

大学生对收集的资料要先进行全面浏览，并对不同资料采用不同的阅读方法，如通读、选读、研读等。通读即对全文进行阅读；选读即对有用部分、有用内容进行阅读；研读即对与研究课题有关的内容进行全面、认真、细致、深入、反复的阅读。在研读过程中要积极思考，要以书或论文中的论点、论据、论证方法与研究方法来触发自己的思考，要眼、手、脑并用，发挥想象力，进行新的创造。在研究资料时，大学生还要做好资料的记录。

3. 研究课题的核心工作——明确论点和选定材料

在研究资料的基础上，大学生要提出自己的观点和见解，并根据选题，确立基本论点和分论点。提出自己的观点要突出创新性，不能只是重复前人或人云亦云，同时要防止贪大求全的倾向。如果大段地复述已有的知识，那就体现不出自己研究的特色和成果了。接下来，大学生要根据已确立的基本论点和分论点选定材料。这些材料是自己在对所收集的资料加以研究的基础上形成的。组织材料要注意掌握科学的思维方法，注意前后材料的逻辑关系和主次关系。

4. 研究课题的关键工作——执笔撰写

下笔时要注意以下两个方面：拟定提纲和基本格式。拟定提纲包括题目、基本论点、内容纲要。内容纲要包括大项目（大段段旨）、中项目（段旨）、小项目（段中材料或小段段旨）。拟定提纲有助于安排好全文的逻辑结构，构建论文的基本框架。

5. 研究课题的保障工作——修改定稿

通过这一环节，大学生可以看出自己的写作意图是否表达清楚，基本论点和分论点是否准确、明确，材料用得是否恰当、有说服力，材料的安排与论证是否有逻辑效果，大小段落的结构是否完整、衔接自然，句子词语是否正确妥当，文章是否合乎规范。

总之，撰写毕业论文是一种复杂的思维活动，对于缺乏写作经验的大学生来说，确有一定的难度。因此，大学生要学习、学习再学习，实践、实践再实践，虚心向指导教师求教。

实战演练

1. 阅读以下材料，参照“活动策划书”的例文写一篇校园活动策划书。

一年一度的校园文化节即将拉开帷幕，本届校园文化节的主题是“秀我才艺，尽展风采”。校园文化节期间举办的活动有开幕式晚会、辩论赛、演讲赛、科技小制作创意大赛、主题节日征文大赛、宿舍文化展览、闭幕式晚会。作为校学生会宣传部部长，请你设计一份关于本届校园文化节的活动策划书。

【写作提示】要结合本届校园文化节的主题和内容，对各项活动的组织、要求、举办时间、地点等进行策划；策划书要尽量考虑周全，合理可行。

2. 阅读以下材料，参照“计划”和“总结”的例文写一篇学习计划。

李静要参加今年的专升本考试，报考的是××理工大学自动化专业。考试内容有政治、数学、英语三门基础课和一门专业综合课。目前距离考试只有三个月时间，李静感到压力很大，觉得哪门课都学得不扎实，都有问题，因此，逮什么学什么，往往顾此失彼，学习效率低下。李静向班主任王老师诉说心中的焦虑和不安。王老师帮她分析了学习状态后指出，其实李静并非各门课都有问题，她的英语、政治都学得很好，专业课也较扎实，只是数学略差一些。他建议李静根据自己的学习状况制订一个切实可行的学习计划，力求在三个月内最大限度地提高学习效率，取得满意的成绩。请你帮李静拟写这份学习计划。

【写作提示】学习计划要结合李静的实际情况；制订学习计划的目的是在短时间内提高学习效率，使各科成绩均衡提高，尤其是数学。

3. 阅读以下要求，参照“社会实践报告”的例文写一篇社会实践报告。

刚刚过去的暑假，很多同学在假期里兼职打工或做了些社会实践，或多或少总有一些收获和体会。请你回顾你的假期实践经历，撰写一份社会实践报告，题目自拟。

【写作提示】社会实践报告是大学生根据相关课程的教学目标的要求，参与相关社会实践的总结性报告，因此要求是自己的亲身实践，但因为个体差异甚大，不求内容上的统一。写作时注意以下几点。

（1）题材多样。打工的经历、调查的个案、目睹的事件等亲身经历的事项都是写作的素材。

（2）文体多样。常用的文体为记叙文，也可写成说明文（如调查类报告），还可写成议论文（如事件类心得），亦可夹叙夹议。

（3）重点突出。社会实践报告的重点不是实践的过程和事件，而是通过参加社会实践得出感悟、思考，要从中分析、评价，得出自己的一些体会和认识。

第三章 求职期间应用文

大学生面对求职，需要掌握求职信、求职简历和职业规划书的撰写。在当今社会生活中，求职者为了寻求理想的职业，需要向用人单位毛遂自荐，递上求职信和求职简历，以便用人单位做出是否安排面试考核或聘任录用的决定。因此，求职信和求职简历就是两块敲门砖，能否抛砖引玉，就看准备工作做得是否充分。从某种意义上来说，职业生涯规划是决定求职者事业成败的关键。毕业生要找到适合自己的工作，需要通过规划求得职业发展，因此必须制订出科学可行的职业规划书。

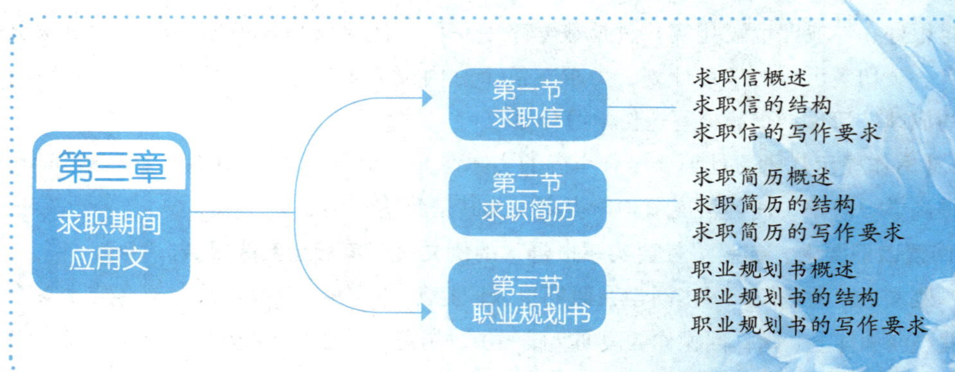

第一节 求职信

结构模板

<table>
<tr><th colspan="2">项目</th><th>要点</th></tr>
<tr><td colspan="2">标题</td><td>求职信</td></tr>
<tr><td colspan="2">称谓</td><td>尊敬的××领导（职务）</td></tr>
<tr><td rowspan="3">正文</td><td>导语</td><td>求职、应聘的缘由</td></tr>
<tr><td>主体</td><td>1. 重点介绍与招聘方核心要求相关的个人信息
2. 展示自己的职业素质和特长</td></tr>
<tr><td>结尾</td><td>表明胜任该项工作的信心，希望得到面试的机会</td></tr>
<tr><td colspan="2">祝颂语</td><td>简短的祝词</td></tr>
<tr><td colspan="2">附件</td><td>证明求职者才华和能力的凭证目录</td></tr>
<tr><td colspan="2">落款</td><td>求职人姓名：×××
××××年××月××日</td></tr>
</table>

一、求职信概述

（一）求职信的概念

求职信又称自荐信、自荐书，是求职者向用人单位介绍自己的基本情况，提出供职请求，以求被录用的专用性文书。求职信的使用频率极高，多数用人单位进行招聘，都是在对求职者提供的求职材料进行初步了解之后，再通知面试人选。因此，求职信的质量高低直接关系着求职者能否被录用。

（二）求职信的特点

1. 针对性

针对性主要体现在四个方面：一是针对用人单位的实际情况，二是针对用人单位提供的岗位，三是针对用人单位读信者的心理，四是针对自身的实际情况。

2. 竞争性

竞争性主要体现在两个方面：求职者择业的竞争和多个用人单位择人的竞争。用人单位接到求职信后，择业和择人的双向竞争就开始了。

3. 自荐性

自荐性主要指要恰当地推销自己。求职信是求职者与用人单位沟通的一种媒介，在相互不了解的情况下，求职者要恰如其分地展现自己，用自己的闪光点（能力和优势等）吸引用人单位，以期引起用人单位的兴趣。

二、求职信的结构

1. 标题

标题可直接标明文种“求职信”，写在首行正中，字迹要端正、醒目。

2. 称谓

顶格写称呼。向国有企事业单位求职，称呼为单位名称或单位的人事部。向民营、私营或合资、独资企业求职，称呼一般写公司老板或人事部负责人个人姓名（要用礼貌用语）。

3. 正文

正文是求职信的主体，也是求职信的重点，一般包括以下几个部分。

（1）导语：写求职、应聘的缘由，有的也可不写。

（2）主体：这是求职信的重点部分，包括以下内容。

①简介本人基本情况，主要介绍自己的姓名、年龄、就读的学校、所学专业及专业课成绩，尤其是与招聘单位对口或接近的专业课成绩；介绍自己学习的深度及广度，包括与求职岗位相关的社会实践和成绩。

②概括介绍自己在校期间曾经担任的职务、个人爱好、特长等。对于兴趣爱好的介绍只需局限在与目标职位有关的范围内。

③提出应聘的工种和职位。重点要说明自己能胜任某种职业或岗位工作的各种知识、技能和素养。这是求职信的核心部分，必须展现出自己的特点和优势。

④提出希望和要求。

（3）结尾：感谢对方阅读并希望对方给予回复，如“如蒙赐复，不胜感激”等。

4. 祝颂语

求职信的正文之后写上简短的祝词，如“此致敬礼”“愿贵公司事业发达”等。

5. 附件

有说服力的附件是求职者的证书，如学历证书、学位证书、职称证书、获奖证书、外语等级证书、计算机等级证书等。祝颂语下一行空两格的位置，写上“附件”后加冒号，列出附件目录。附件不需太多，但必须有分量，足以证明求职者的才华和能力。

6. 落款

求职信的右下方写上求职者的姓名，可以用“敬上”或“谨呈”等词以示礼貌和谦逊。姓名下面写日期，成文日期要年、月、日俱全。

例文解析

【例文】

求 职 信

尊敬的领导：

您好！

我叫××，是××大学经济学院会计系国际会计专业的学生，于××××年6月毕业。

四年的大学生活，我在思想上不断上进，学业上不断求进，全面系统地掌握了工业会计学、商业会计学、银行会计学、国际会计学、西方财务会计学、管理会计学等会计知识及相关的经济理论，具有独立分析问题、解决问题的能力。在学好专业课的同时，我注重英语与计算机能力的锻炼培养，通过了全国计算机二级水平考试，有较强的上机操作能力，能熟练运用 Office 等进行业务处理。顺应时代发展，我的英语达到了较高的读、写、说水平，能熟练阅读各类文章，口语表达流利，顺利通过英语四、六级考试。

我积极参加社会实践活动，以达到学以致用的目的。在学校组织的××房地产开发公司的实践活动中，我独立设计问卷，深入社会，对市场信息进行大量、周密的调查，努力投入每一步骤、每一细节中。我在实践中锻炼自己，成绩显著，受到该公司员工的一致好评。

在大学浓郁的学习气氛中，在母校飞速发展的今天，我圆满完成学业，使自己成为一个知识面广、能力突出的优秀毕业生，接受国家和社会的挑选。敬请贵单位领导对我诚恳的求职行为给予充分的理解和支持，在翔实调查、考核的基础上，做出您最满意的抉择！

如蒙赐复，不胜感激！

此致

敬礼

附件：1. 求职简历
　　　2. 学历证书
　　　3. 获奖证书
　　　4. 技能证书

求职人：××

××××年××月××日

评析

求职信通常以名称为标题，常见的还有“自荐信”等。

自我介绍。

介绍四年专业学习情况及成绩。

结合专业参加实践活动情况。

表达求职的愿望。

列举附件。

整个求职信内容具体、充实，语言简练、朴实，格式规范。

三、求职信的写作要求

1. 行文独特

用人单位招聘人员往往会收到拟招聘人数数倍甚至数十倍的求职材料。用人单位收到求职者的材料后，一般都会进行筛选，而求职信就是筛选的重要条件。如果一封求职信不能展示求职者的特点，放在谁身上都适用，求职者就无法获得面试机会。因此，各种求职信的模式可以参考，但切忌直接照搬而忽略自我个性。

好的求职信是求职者求职成功的第一步，怎样才算好呢？这就看求职者怎么"求"，既不能是哀求，似乎信心不足；也不能是赐予，好像是用人单位给你面子。求职者要"求"得有艺术，"求"得不露痕迹，传递有效信息，既让用人单位感到自己的诚恳和愿望，又让用人单位觉得自己是一匹千里马。

2. 重点突出

如果用人单位有招聘条件，则应严格依据招聘条件有针对性地逐条表述；如果不知晓用人单位是否有用人需求，要有针对性地多展示自己的业绩和能力。求职者要突出自己的优势和特点，更要突出敬业精神；要突出学习成绩，更要突出专业能力和实践经验。

3. 语言精要

求职信内容要精简，言简意赅；态度要真诚，自然恳切；措辞要有分寸，不卑不亢。篇幅不宜过长，一般以 1000 字左右为宜。

4. 格式规范

求职信的格式与一般书信的格式大致相同，由称呼、正文、结尾和落款几个部分构成。在信的结尾要写一些祝愿性的话，并表示对面试机会的期待。大多数求职信是打印稿，排版要美观。如果求职者有书法功底，也可以亲笔书写，这样不仅给人以亲切之感，还可以展示自己的特长。

第二节　求职简历

结构模板

姓　名		性　别		出生年月		照片
籍　贯		民　族		政治面貌		
身体状况		学　历		专　业		
毕业院校		毕业时间		个人特长		
联系电话			电子邮箱			
通信地址			邮　编			

求职意向	
教育背景	
专业课程	
技能等级	
工作经历	
获奖情况	
自我评价	
佐证材料	

一、求职简历概述

（一）求职简历的概念

求职简历，广义上是指简明扼要的个人求职履历或经历。此处特指求职者或大学毕业生向用人单位推介自己时，为了清晰、有效地介绍自己的基本情况、教育背景、优势特长和任职资格等而使用的一种应用文书。

求职简历的格式写法并不固定，常用的有表格式、条文式、表格条文兼用式等几种。

表格式是将有关内容放在表格中列出。其长处在于条理清楚，一目了然。不足之处是受表格限制，需要多加说明的内容无法展开，有时分类比较困难。表格可以根据情况自己绘制，以清楚易懂、美观大方、突出重点为主要特色。

条文式是分条列项地将有关内容加以说明。其优点是不受限制，可根据需要自由取舍。不宜归类的内容只要写出即可，不必因为划分类别浪费精力甚至出现错误，缺点是不如表格清楚、一目了然。

表格条文兼用式是将上述两种格式结合起来，在不同的地方使用不同的格式。其兼有表格式和条文式之优点，避开二者之缺点，使用比较广泛。

（二）求职简历的特点

1. 求职性

求职简历具有鲜明的求职性，目的在于使用人单位对求职者产生注意和兴趣，进而提供面试的机会。因此，求职者不能把求职简历当作学历、经历的简单罗列，要把求职简历当作推销自己的广告，要突出自己的能力和优势。

2. 真实性

写求职简历时一定要客观、理性地总结自己的经历，做到实事求是、真实准确，既不夸大也不缩小，更不能编造，这样才能取信于人。

3. 正面性

求职简历的内容应当是正面典型材料的荟萃，是求职者闪光点的聚焦。所有内容都应有利于求职应聘成功，无关的甚至妨碍应聘的内容一概不要。

4. 精简性

求职简历不宜过长，一般排布两页 A4 纸即可，没有必要罗列与求职无关的材料。许多人在简历中说明自己的兴趣，比如游泳、爬山等，其实这些只有与目标工作有关联时才有撰写的意义。

二、求职简历的结构

1. 标题

标题可以直接写“简历”两字，也可以在简历之前冠以求职者的姓名。

2. 正文

求职简历的格式和写法并不固定，其包括的主要内容有以下几点。

（1）基本情况。简要介绍个人的基本情况，包括姓名、性别、出生年月、民族、籍贯、学历、政治面貌、个人特长等。这部分通常安排在简历的最前端，以让面试者一目了然。

（2）教育情况。求职者在这部分可按时间顺序列出自己的专业、毕业院校、毕业时间、专业课程、教育背景、技能等级、获奖情况、实习情况等，要凸显自己的优势，只记录重要部分。

（3）工作经历。求职者在这部分可按时间顺序列出自己参加工作以来的主要经历，要注意突出主要才能、贡献、成果以及学习、工作、生活中具有典型意义的事迹等。这部分要尽可能详尽，尤其要总结出自己突出的工作能力和工作技能，以及所产生的效应和业绩。如果没有工作经验，也可以写大学的团学组织、社团组织、实习经验等。

（4）其他部分。

①求职意向。求职者在这部分主要写自己对哪些工作岗位、行业感兴趣及相关要求，主要表明自己应聘的职位，说明自己具备哪些资格和技能，想找什么样的工作。

②联系方式。求职者要写清楚自己的有效联系方式，包括手机号码、通信地址、邮编、电子邮箱等。

③自我评价。求职者要实事求是地对自己进行分析，重点是分析优势，找出自己与众不同的地方，形成鲜明的自我定位，在招聘者面前亮出一个独特的招牌，让自己的价值更好地为招聘单位所认识。求职者在写自我描述之前，仔细罗列自己的性格特点、工作经历，找出对所求职位有利的因素，以突出自我优势。自我评价可以从知识、经验、业绩三个方面分析。

④佐证材料。佐证材料包括所获荣誉、所获证书和所发表的论文论著等。所获荣誉要写清楚何时何地受何单位何种性质奖励；所获证书要写清楚何时何地取得何单位何种性质证书；所发表的论文论著要写清楚主要作者、文献题名、出版者、出版年和起止页码等。

例文解析

【例文】

个人简历（表格式）

姓　　名		性　　别		出生年月		照片
籍　　贯		民　　族		政治面貌		
身体状况		学　　历		专　　业		
毕业院校		毕业时间		个人特长		
联系电话				电子邮箱		
通信地址				邮　　编		
求职意向	人力资源部主管或其他相关工作					
教育背景	2014. 9—2018. 6 在××大学人力资源管理专业学习。大学四年，成绩一直名列前茅。掌握了管理学、经济学及人力资源管理的基本理论、基本知识；掌握了人力资源管理的定性、定量分析方法；掌握了与人力资源管理有关的方针、政策及法律					
专业课程	管理学、微观经济学、宏观经济学、管理信息系统、统计学、会计学、财务管理、市场营销、经济法、人力资源管理、组织行为学、劳动经济学等					
培训情况	1. 2015. 9—2015. 11 在北京市人力资源和社会保障局进行人力资源干部认证培训 2. 2016. 10—2017. 1 在××（中国）投资有限公司进行人力资源管理培训					
获奖情况	1. 2016. 10　获学校职业生涯规划大赛一等奖 2. 2018. 5　被××电脑公司评为部门先进工作者 3. 2018. 6　被学校评为优秀实习生 4. 2018. 6　被学校评为优秀毕业生					
技能等级	1. 职业资格证书：全国人力资源管理师 2. 计算机等级证书：国家计算机三级（网络技术）					

评析

基本信息简明扼要。

教育背景凸显优质形象，只写重点。

实习情况	2017.9—2018.6 在××电脑公司顶岗实习，任人力资源部经理助理，负责公司内部员工的调动、提升、离职等的审批工作；协助经理进行员工的业务考核工作；负责制定公司人力资源招聘及培训工作；2018 年 5 月被评为“顶岗实习先进个人”	工作经历重点写顶岗实习，突出了才能与业绩。
自我评价	1. 熟悉人力资源管理理论，具有招聘和内训的实际操作经验；学习了管理、经济、法律及与人力资源管理相关的专业知识，能在大中型企事业单位和政府机关从事人力资源管理、研究和教学工作 2. 具有较强的语言和文字表达能力、人际沟通能力、组织协调及领导能力、熟练运用外语和计算机及现代管理手段独立分析解决相关问题的能力 3. 诚实守信、责任心强，具有高度的敬业精神与团队精神，踏实肯干，与同事相处融洽，服从命令，尊重领导，喜欢有创意地完成工作	自我评价总结。

例文解析

【例文】

求职简历（条文式）

一、个人概况

姓名：××× 性别：× 民族：××

出生年月：××××年××月××日

政治面貌：××

职称：×××××

联系电话：×××××××××××

地址：×××××××××× 邮编：××××××

> 评析：简明扼要地介绍个人基本情况。

二、教育背景

2004 年考入××大学中文系文秘专业，系统学习了汉语言文学及文秘相关课程，2008 年毕业，获文学学士学位。

2009 年考入××大学教育系攻读硕士学位，2012 年毕业，获教育硕士学位。

> 教育背景突出了优质形象。

三、工作经历

2008 年在××职业技术学院任教，从事大学语文教育及高职教育研究工作。

> 工作经历突出了主要经历和业绩。

2009 年任学校办公室副主任，主管文秘工作。由于工作认真，成绩显著，2 次被学校评为“先进工作者”，1 次被学校评为“优秀教师”，1 次被学校党委评为“优秀党员”，2010 年被评为“××市先进教师”。

四、个人能力

通过大学英语六级考试，能借助工具书熟练翻译外文资料，在日常生活中可以用英语口语和外教交流。

具有较强的教学和语言表达能力，曾获得××省优秀课例一等奖，××市教师演讲大赛一等奖。

在学校任办公室副主任期间，不断提高办文、办会、办事质量和效率，并有效协调各方关系，得到各方好评。

通过了全国计算机四级水平考试，并获得证书，能熟练地运用 Office 等相关软件进行高效的办公室日常工作。

熟悉公文写作，能独立、迅速完成公文的拟写。

五、求职意向

中文（文秘）教师，办公室文秘工作人员。

六、相关材料

（略）

个人能力重点写实践能力。

三、求职简历的写作要求

1. 表述要简洁

求职简历要重点突出，应根据企业和职位的要求事先进行分析，有针对性地设计准备，巧妙突出自己的优势；篇幅不宜长，可采用简洁的无主句式表达，尽量少用修饰性语言。

2. 形式要美观

求职简历设计要美观大方、与众不同、不落窠臼。如果是打印稿，排版格式要规范有序，不宜花哨；如果是手写体，书写要整洁清晰，不宜潦草。

3. 语言要得体

求职简历措辞力求准确、恰当，不宜用口语、有歧义的词语或生僻词语；句法要求严密，一般不用感叹句和省略句；语气要求平实，不宜用抒情或夸张等修辞手法。

4. 写法要灵活

求职简历布局谋篇应遵循古人所说的“大体须有，定体则无”的原则，既要考虑一般规律，又要结合自身实际确立重点和组织材料，绝不能生搬硬套。

履　历　表

求职简历是求职成功的关键材料，现在流行的简历大多脱胎于“履历表”。履历表，英文简称 CV，常用于个人求职、申请，也可作为非求职者的经历简述。履历表在欧洲被广泛应用。美国的学术机构、教育部门、科学研究行业也采用履历表这种方式。中文这种称呼方式是近代才开始使用的衍生用法。英文简历并无固定不变的单一形式，应聘者完全可以根据个人的具体情况来确定采用何种形式灵活设计。一般来说，根据个人经历的不同侧重点，可以选用以学历为主的简历、以经历为主的简历和以职能为主的简历三种形式。

第三节　职业规划书

结构模板

项目		要点
扉页		标明题目、目录、姓名及基本情况介绍、年限、起止日期等
正文	导语	职业规划的缘由、背景和总体目标等
	主体	1. 职业志向 2. 因素分析 3. 机会评价 4. 设计方案 5. 角色建议 6. 实施方案 7. 评价调整
	结论	对规划的小结

一、职业规划书概述

（一）职业规划书的概念

职业规划书又称“职业生涯规划书”，是指个体针对个人职业选择的主客观因素进行分析和测定，对自己的兴趣、爱好、能力、特长、经历及不足等各方面进行评价与权衡，确定最佳的职业奋斗目标，并为实现这一目标进行规划而使用的专用文书。职业生涯规划是一个动态的过程，包括一个人的过去、现在和未来可以实际观察到的连续从事的职业发展过程，还包括个人对职业生涯发展的见解和期望。因此，制订职业规划书最重要的是寻求职业的人岗匹配，使求职者和用人单位共赢互利、协同发展。

（二）职业规划书的特点

1. 预测性

职业规划书是为自己定下事业大计，详细测量主客观条件，在“衡外情，量己力”的情形下设计出合理且可行的职业生涯发展方向，确定最佳的职业奋斗目标，并为实现这一目标做出行之有效的安排，具有较强的预测性。

2. 评价性

规划的设计具有明确的时间限制或标准，能够使个体随时掌握规划的执行状况，按计划进行阶段性评价和最终评价。

3. 全程性

个体制订职业规划书时必须考虑到生涯发展的整个历程，做全程考虑。

4. 可行性

规划各阶段的路线划分与安排必须具体可行。实现生涯目标的途径很多，个体在做规划时必须考虑到自己的特质、社会环境、组织环境以及其他相关的因素，选择确定可行的途径。

5. 模式性

常见的有两种模式：一是“5W”模式，即从自己是什么样的人开始解答“Who are you（你是什么人）”“What do you want（你想要什么）”“What can you do（你能做什么）”“What can support you（什么可以支持你）”“What can you be in the end（自己最终将成为什么）”这五个问题；二是斯韦恩的三角模式，即根据自我、环境、教育与职业这三个职业目标的依据，通过自我评价，分析助力和阻力，建立自己的职业目标。

二、职业规划书的结构

（一）职业规划书的常见格式

1. 表格式

这种为不完整的职业规划书，常常只写最简单的目标、分阶段实现时间、职业机会评价和发展策略等几个项目，有的只相当于完整职业规划书的实施计划表，适合日常警示使用。

2. 条例式

这种也是不完整的职业规划书，只具有职业规划的主要内容，多进行一些简单表述，没有详细的分析和材料，虽精练但逻辑性不强。

3. 综合式

这种是完整的职业规划书。

（二）综合式职业规划书的结构与写法

1. 扉页

扉页要标明题目、目录、姓名及基本情况介绍、年限、起止日期等，也可直接标明文种“职业规划书”。扉页设计要清晰美观。

2. 正文

（1）导语：写自己进行职业规划的缘由、背景和总体目标等，用语要简约。

（2）主体：这是规划书的重点部分，包括以下几方面。

①职业志向。确定志向是职业规划的关键。个体应以社会利益为主来确定自己的职业志向。

②因素分析。分析影响职业生涯规划的各种因素，主要有个人因素和环境因素。

个人因素：包括对个人兴趣（物质兴趣、精神兴趣、社会兴趣）、个人性格、个人气质（心理学将人的气质分为多血质、胆汁质、黏液质和抑郁质四种）、个人能力（语言能力、数理能力、判断能力、观察能力、动手能力、交往能力和组织管理能力）等进行分析。

环境因素：包括对社会环境（社会文化、政治制度、价值观念、经济条件）和自然环境等进行分析，还可以对行业、组织制度、企业文化、管理层、组织运行机制、发展领域等进行分析。大学生规划职业也可分析校园环境对职业的影响。

③机会评价。个体通过对自身条件和外在环境进行测评，客观地评价自己的职业机会，包括自己的优势、弱势、机会和压力，找出现实条件与职业规划中人生目标的差距。

④设计方案。个体根据自己的情况，实施不同的解决方案，找到缩小现实条件与职业规划中人生目标的差距的方法，包括思想观念、知识水平、能力水平和心理素质等。

⑤角色建议。记录对自己的职业生涯影响最大的一部分人的建议。个体在撰写规划时要根据情况进行选择。

⑥实施方案。这部分包括时间目标、职务目标、经济目标、能力目标、成功标准、发展策略、发展路径、具体措施等。个体要把长远目标和短期目标结合起来，通过不断实现短期目标来最终实现长期目标，也就是对目标进行分解与组合。这是职业规划书的重点部分。

⑦评价调整。这部分主要撰写对规划的反馈、调整与预测，包括调整内容、时间和原则，要为不断提高职业规划书的可行性提供可靠的基准。职业生涯规划是一个动态的过程，必须根据实施结果的情况以及对应变化进行及时的评价与修正。

（3）结论：可以针对完成职业规划目标谈认识、表决心、提希望，还可以对职业规划目标实现后的情况进行憧憬。

例文解析

【例文】

大学生职业规划书

为了科学谋划未来，在当前激烈的人才竞争中占有一席之地，我在对当前的就业形势、社会环境以及自身情况进行全面了解和认识的基础上，制订了自己的职业规划书。我的总体目标是成为一名高级秘书。

一、职业志向

最新统计数据表明，越是市场经济发达的国家，秘书人员在总从业人口中所占的比例越高。随着我国经济、科技、文化与教育的迅猛发展，国家实力的进一步增强，国际地位的日益提升，社会各界对现代文秘人员素质的要求逐渐提高，市场需要越来越多的高素质、高水平、高层次的专业文秘人才。作为一种全球性的职业，文秘工作越来越趋于现代化、科学化和专业化，它在辅助各级领导进行综合管理、树立企业形象、沟通内外关系、处理信息交流等方面发挥着越来越重要的作用。我一直对文秘行业有浓厚的兴趣，加上现在所学专业为文秘专业，因此我确定自己的职业志向是适应社会经济发展需求，成为一名出色的高级秘书。

二、因素分析

（一）个人因素（略）

（二）环境因素

1. 社会环境分析

社会经济、科学的飞速发展，工厂、公司、私营企业等不断增多，秘书职业也会不断发展、更新，社会对秘书岗位的需求与要求也越来越多、越来越高。秘书职业将不可或缺。

2. 校园环境分析

目前，我就读的学院采取半军事化管理，严格的要求、严明的纪律，为我们以后走出校园打下了基础。我院注重理论与实践相结合，使我们高职高专院校毕业的学生具备更多的实战经验。我所在的系更是配备了优秀的师资队伍，为我们学习专业知识创造了优越的外部环境。所以我相信，自己只要在学校紧跟专业教育的步伐，认真踏实地学习并掌握好专业知识，毕业之后找工作就更加有保障了。

评析

直书标题。

确定志向是职业规划的关键。

自我分析要实事求是。

环境分析从社会环境和校园环境两方面着手。

三、机会评价

（一）优势

我参加过多种活动并获得奖项：全院辩论赛冠军、演讲比赛优秀奖、运动会先进个人等。同时，我还参加了院艺术团，任系学生会文艺部干事、班级组织委员，在学院电视台工作过一段时间，也参加过新闻青年论坛，是系《明日记者》的小记者。

社会实践：做过校园代理营销员，现任某公司宣传员。性格：热情、开朗、大方，做事有恒心。

（二）弱势

文秘专业学生的就业形势不容乐观；企业文秘工作对一个人的内、外素质要求很高，我的抗压能力有待提高；文秘要能够讲一口流利的英语，而我的英语口语水平欠佳。

（三）机会

随着我国改革开放的发展，各种外资涌入，我国经济快速增长，企业如雨后春笋般出现，提供了越来越多的文秘工作岗位。在今天，秘书已成为世界范围内覆盖面最广的职业之一，被称为“现代社会的第361行”。“秘书”这个字眼在最近几年的人才市场中频频出现，秘书职位的空缺也是层出不穷的，其需求连续多年在招聘排行榜上位居前列。随着市场经济的发展与繁荣，特别是三资企业在中国的发展，这种势头将会有增无减，也会给社会提供许多就业机会。

（四）威胁

作为一名文秘，个人的发展与企业的发展紧密联系。只有企业健康繁荣发展，才能有个人的发展；若企业发展出现问题，个人前途会随之受到影响。

四、设计方案

（一）思想观念

思想上还没有压力，没有紧迫感，不能清楚地了解就业的困难程度和以后竞争的激烈程度。要树立正确的思想意识，用发展的眼光看问题，破除思想上的依赖性。观念上要改变，明确自己的奋斗目标。

机会评价具有科学性。

设计方案从思想观念、知识水平、能力水平、心理素质四方面进行阐述，分析问题，找到了缩小现实条件与职业规划中人生目标的差距的方法。

（二）知识水平

我的专业知识储备还较少，要好好利用大学这几年的时间，加强专业知识的学习。另外，我要多看些课外书，拓宽自己的知识面。一个人的知识储备决定了这个人的价值。我要好好地补充、吸取文化知识，以使自己走上工作岗位时更具竞争力。我知道自己的知识面还很窄，和一些人比起来差距还很大，所以我要更加努力学习，缩小差距，以便将来得到更好的发展。

（三）能力水平

每个人的能力是不同的，但能力是可以锻炼出来的。虽然我现在还没有工作，但在学校里我积极参加活动，锻炼了各个方面的能力，如组织能力、交际能力等。课余时间我还出去做兼职，虽然很辛苦，但是能力上得到了锻炼。我相信自己的潜力是无限的，所以我会充分利用时间，好好锻炼自己，发掘自己的潜力，提高自己的能力。

（四）心理素质

现代社会发展节奏逐步加快，工作、生活带给人们的压力也越来越大，对于个人心理承受能力、心理素质的要求也越来越高。每个人要想在这样节奏紧张的社会中更好地生活，就要练就过硬的心理素质，学会调节自己的心态，经得起磨炼与打击。我现在还没有真正地步入社会，所以要有充分的心理准备，明白以后就业的困难，这样在毕业以后才能以平和的、冷静的心态来对待工作中的困难。

五、角色建议

（略）

六、实施方案

（一）计划实施表

名称	短期计划（专科生或本科生阶段）
时间跨度	略
本期目标	专科毕业时要达到……
细分目标	略
计划内容	略
策略和措施	略
备注	略

实施方案是职业规划书的重点部分，要把长远目标和短期目标结合起来，通过不断实现短期目标来最终实现长期目标，也就是对目标进行分解与组合。

名称	中期计划（毕业后五年）
本期目标	毕业第五年时要达到……
细分目标	毕业第一年要……第二年要……在×××××方面要达到……
计划内容	略
策略和措施	略
备注	略

名称	长期计划（毕业后十年或以上计划）
计划名称	略
本期目标	退休时要达到……
细分目标	毕业第十年要……第二十年要……
计划内容	略
策略和措施	略
备注	略

（二）阶段性详细计划

（略）

七、评价调整

（一）职业目标评价

1. 在工作初期，若发现自己并不适合从事文秘工作，我会考虑走报社编辑方向或新闻方向。

2. 在工作中期，若发现自己适合从事文秘工作，我将争取机会，进一步提高自己的文秘专业技能。

3. 在工作后期，若发现自己不适合高级文秘工作，我会考虑从事相近工作。

（二）职业路径评价

1. 若公司后期福利不好，或者工资水平与其他同等公司差距悬殊时，我会选择离开公司，寻求新的公司。

2. 若公司倒闭，我会提前选好新的公司做准备，并且随时安排好自己以后的工作方向，直到公司结束运营后再到新的公司面试就职。

（三）其他因素评价

1. 若身体出现重大疾病时，我会选择辞职，待调理好身体之后，再度就业。

2. 若家庭发生重大变故，如需要大量资金时，我会酌情选择工资较高的公司就职或者是抵押贷款；如需要长时间陪伴家庭时，我会选择辞职，和家人一起渡过难关。

从职业目标评价、职业路径评价、其他因素评价、评价时间、规划调整的原则五方面论述对规划的评价调整。

3. 若经济状况不足以维持整个家庭的开支时，我会尽量缩减开支，同时寻找第二份工作以贴补家用。

（四）评价时间

计划往往赶不上变化，这就要求我做好职业目标的评价和调整，及时了解情况的变化，通过对实际情况和目标的实现程度分析，做好职业目标的考核、修改和调整，重新制订适合自身发展的职业目标。一般情况下，我会一年评价一次规划，在年初制订该年的具体计划，并逐月修订，将具体计划按照年、月、周细分，并做好总结。

在特殊情况下，例如职位变更或者职业变更时期，我会随时评价并进行相应调整，会酌情缩短规划周期，做到事事有计划。

（五）规划调整的原则

遵循个人、职业、家庭协调发展的原则。

八、小结

目标是人生发展的实际动力，是一步步接近理想的阶梯。合理的职业生涯规划则是人生目标成功的保证书。作为当代大学生，我应“志当存高远，襟怀有天下”，以“自信人生两百年，会当击水三千里”的豪情，通过勾画未来的理想蓝图，勇敢地创造属于自己的人生舞台。我坚信：“心有多大，舞台就有多大。”

结尾简洁有力。

三、职业规划书的写作要求

1. 资料要翔实

个体可通过个别访谈、实地调查、图书摘录、网络下载等方式获取资料，多运用图表数据来说明问题，以提高资料的可信度和说服力。

2. 分析要到位

个体要了解有关测评理论与知识，对自己进行检测，认真审视并思考测评报告，科学分析职业方向。

3. 规划要科学

职业规划书要在科学分析的基础上制订。一是要有科学的自我评价体系，特别是自我评价的方法、标准和步骤等要科学。二是要有连续、系统的职业规划，体现出个性化。三是要有评价与反馈机制，根据实施效果不断进行调整。

4. 设计要实证

个体要根据职业规划有针对性地安排社会实践，通过实践来诊断规划的各个环节。社会实践要体现对规划的直接作用，选择做兼职、家教、促销员、业务员等固然是一种社会实践，但往往偏离职业方向，只注重了量的积累而忽视了质的要求。

5. 结构要紧凑

语言朴实简洁，用词精练准确，行文流畅，条理清楚，这是最基本的写作要求。撰写职业规划书还应密切关注文章的结构和重心所在。对规划内容进行分析、阐述时，必须紧紧围绕职业目标这条主线展开，使行文结构紧凑，从而体现论述的逻辑性和连贯性。

实战演练

1. 阅读以下材料，参照第一节“求职信”和第二节“求职简历”的例文，各写一份求职信和求职简历。

刘新民是××师范学院文秘专业2019届毕业生。毕业即将临近，他很想早日找到一份适合自己的办公室文秘工作。前段时间，刘新民看到了Z公司刊登在《××日报》上的一则招聘办公室秘书的信息，他非常想获得这份工作，觉得凭自己扎实的专业基本功和良好的综合素质，一定会获得面试机会。但求职信是求职的第一关，是求职的“敲门砖”，他必须先写一份求职信。假如你是刘新民，请模拟撰写一封求职信。

【写作提示】

①针对性要强，特别要突出自身的优势，不可笼统，失去自己的特点。

②内容要精简，措辞要有分寸，篇幅以1000字左右为宜。

刘新民向Z公司递交了希望获得办公室秘书职位的求职信后，第二天接到公司电话通知，要求他尽快提供一份简历，以便公司做出是否给予他面试机会的决定。刘新民深知在面试者的挑选过程中，求职简历是自我推销的广告，是自己唯一能够全权控制、展现才华的部分。那么，他该如何写这份求职简历呢？假如你是刘新民，请模拟撰写一份求职简历。

【写作提示】

①求职简历主要有表格式、条文式、表格条文兼用式三种，请结合自身实际合理选择。

②撰写时既要考虑一般规律，又要确立重点，围绕重点组织材料，绝不能生搬硬套。

2. 阅读以下要求，参照第三节“职业规划书”的例文，写一份职业规划书。

职业是大学生将来的安身立命之本、事业发展之基，而职业管理的第一步就是职业规划。制订科学的职业规划书，能够帮助大学生进一步明确自己将来的职业方向，减少机会成本，引导大学生努力实现自己的人生目标。请撰写自己的职业规划书。

【写作提示】

（1）职业规划要从自身实际出发，在科学分析的基础上制订。

（2）性格分析可以参考性格色彩学。

（3）可对自己进行 SWOT 分析。SWOT 四个英文字母分别代表：优势（strengths）、劣势（weaknesses）、机会（opportunities）、威胁（threats）。分析时要将短期目标和长期目标相结合。

（4）根据职业规划有针对性地安排社会实践，通过实践来诊断规划的各个环节。

第四章 就业期间应用文

本章主要学习就业期间应用文，涵盖党政机关公文、商务活动应用文以及宣教工作应用文。通过学习，了解机关工作应用文中公文的含义、种类、适用范围，掌握机关公文的固定格式，掌握决定、意见、通知、通报、报告、请示和函的写法；了解市场调查与预测报告、可行性研究报告、商业广告的含义、特点，掌握其写法；了解宣教工作应用文中通讯、简报、演讲词和讲话稿的含义、特点，掌握其写法。

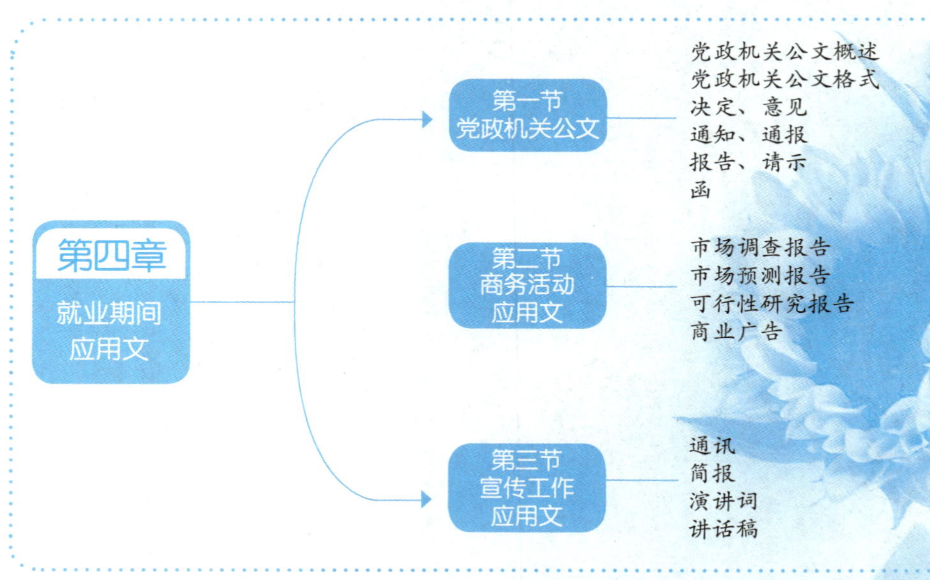

第一节 党政机关公文

一、党政机关公文概述

（一）党政机关公文的概念

党政机关公文是党政机关实施领导、履行职能、处理公务的具有特定效力和规范体式的文书，是传达、贯彻党和国家方针政策，公布法规和规章，指导、布置和商洽工作，请示和答复问题，报告、通报和交流情况等的重要工具。

从2012年7月1日起，党政机关均执行《党政机关公文处理工作条例》（中办发〔2012〕14号）和《党政机关公文格式》（GB/T 9704—2012），原来执行的1996年5月3日中共中央办公厅发布的《中国共产党机关公文处理条例》和2000年8月24日国务院发布的《国家行政机关公文处理办法》以及《国家行政机关公文格式》（GB/T 9704—1999）停止执行。

（二）党政机关公文的作用

1. 指挥管理作用

党政机关公文，肩负着记录与传递社会管理信息的基本使命，起着使全社会及其各种组织与成员有序运行的纽带、规范和关键作用，如古人所云，是真正的“经国之枢机”。一个国家，要进行有序的管理就必须有从上而下的政令。国家为了传达政令、统一思想、规范行为，就必须通过党政机关公文上传下达。如上级机关发布的决定、意见、通知，都起着管理、约束的作用，下级机关对此必须遵照执行，或根据本地区的实际情况参照执行。只有这样，国家的方针、政策才能逐层下达到人民群众之中，并化为全国人民的自觉行动。相反，下级机关所做的请示、报告、总结等则应及时反映基层的各种情况，为上级机关提供正确决策和及时指导工作的依据。

2. 宣传教育作用

行政公文，绝大多数是向广大的人民群众宣传党和国家的方针、政策，宣传单位的典型经验和个人的先进事迹，起着宣传群众、教育群众的作用。特别是在市场经济条件下，党政机关公文的宣传教育作用又有了新的发展。各企业集团运用党政机关公文这一宣传工具宣传企业文化、经营理念、形象口号，以此来扩大企业的知名度和提高企业的美誉度，赢得社会的信任和支持，从而提高经济效益。

3. 凭证依据作用

党政机关公文是办事的，有着极强的时效性，某件事处理之后，其作用也随之消失。但有些党政机关公文不仅有现实的作用，而且是真实的历史记录，并根据有关规定立卷、整理、归档，作为文献资料供后人参考，起凭证作用。

4. 布政明法作用

自古以来，党政机关公文就有发布法律和行政法规的作用。进入现代社会以来，国家立法机关针对社会的实际需要出台更多更细致的法律、法规，以达到依法治国的目的。国家立法机关制定的各种法律、法规，以及各企事业单位制定的规章制度等都要用党政机关公文的形式来颁布。这些法律文书、规章制度都属党政机关公文的范畴，一经公布，有很强的约束力，任何人都要自觉遵守，不得违反，否则将会受到不同程度的处罚。党政机关公文起到布政明法的作用，在加强社会主义法治、维护社会秩序的稳定方面功不可没。

（三）党政机关公文的特点

1. 由法定作者制发

党政机关公文的法定作者，指依法成立并能以自己名义行使职权和承担义务的国家机构与其他社会组织（以下统称为“机关”）。党政机关公文必须以这些机关的名义或其法定代表人的名义制发。发文机关必须依照法定权限和职能制发党政机关公文，不能越权行文、违法违章行文。

2. 法定的现实执行效用

执行效用指信息对有关方面行为的强制性影响。党政机关公文直接形成于内容所针对的现实公务活动中，对受文者及其他有关方面的行为将产生为法律、法规所规定的不同程度的强制性影响，如在规定的时间、空间范围和机构、人员范围内，强制执行内容，强制阅读、办理，强制复文等。

3. 具有规范的体式

为了维护党政机关公文的权威性、准确性与有效性，方便党政机关公文的写作与处理，国家有关机构以法规、标准等形式，对党政机关公文的文体、结构、格式进行了统一规范。党政机关公文制发者必须认真遵循这些规范。

4. 履行法定程序

为保证党政机关公文的有效性，国家有关机构规定了各类党政机关公文的生成程序，各有关方面必须履行这些程序，以使党政机关公文产生法定效用。

（四）党政机关公文的种类

公文的种类简称文种。

《党政机关公文处理工作条例》规定了 15 个文种。

（1）决议。适用于会议讨论通过的重大决策事项。

（2）决定。适用于对重要事项作出决策和部署、奖惩有关单位和人员、变更或者撤销下级机关不适当的决定事项。

（3）命令（令）。适用于公布行政法规和规章、宣布施行重大强制性措施、批准授予和晋升衔级、嘉奖有关单位和人员。

（4）公报。适用于公布重要决定或者重大事项。

（5）公告。适用于向国内外宣布重要事项或者法定事项。

（6）通告。适用于在一定范围内公布应当遵守或者周知的事项。

（7）意见。适用于对重要问题提出见解和处理办法。

（8）通知。适用于发布、传达要求下级机关执行和有关单位周知或者执行的事项，批转、转发公文。

（9）通报。适用于表彰先进、批评错误、传达重要精神和告知重要情况。

（10）报告。适用于向上级机关汇报工作、反映情况，回复上级机关的询问。

（11）请示。适用于向上级机关请求指示、批准。

（12）批复。适用于答复下级机关请示事项。

（13）议案。适用于各级人民政府按照法律程序向同级人民代表大会或者人民代表大会常务委员会提请审议事项。

（14）函。适用于不相隶属机关之间商洽工作、询问和答复问题、请求批准和答复审批事项。

（15）纪要。适用于记载会议主要情况和议定事项。

（五）党政机关公文行文规则

1. 上行文规则

（1）原则上主送一个上级机关，根据需要同时抄送相关上级机关和同级机关，不抄送下级机关。

（2）党委、政府的部门向上级主管部门请示、报告重大事项，应当经本级党委、政府同意或者授权；属于部门职权范围内的事项应当直接报送上级主管部门。

（3）下级机关的请示事项，如需以本机关名义向上级机关请示，应当提出倾向性意见后上报，不得原文转报上级机关。

（4）请示应当一文一事。不得在报告等非请示性公文中夹带请示事项。

（5）除上级机关负责人直接交办事项外，不得以本机关名义向上级机关负责人报送公文，不得以本机关负责人名义向上级机关报送公文。

（6）受双重领导的机关向一个上级机关行文，必要时抄送另一个上级机关。

2. 下行文规则

（1）主送受理机关，根据需要抄送相关机关。重要行文应当同时抄送发文机关的直接上级机关。

（2）党委、政府的办公厅（室）根据本级党委、政府授权，可以向下级党委、政府行文，其他部门和单位不得向下级党委、政府发布指令性公文或者在公文中向下级党委、政府提出指令性要求。需经政府审批的具体事项，经政府同意后可以由政府职能部门行文，文中须注明已经政府同意。

（3）党委、政府的部门在各自职权范围内可以向下级党委、政府的相关部门行文。

（4）涉及多个部门职权范围内的事务，部门之间未协商一致的，不得向下行文；擅自行文的，上级机关应当责令其纠正或者撤销。

（5）上级机关向受双重领导的下级机关行文，必要时抄送该下级机关的另一个上级机关。

3. 联合行文规则

（1）同级党政机关、党政机关与其他同级机关必要时可以联合行文。

（2）属于党委、政府各自职权范围内的工作，不得联合行文。

（六）公文排版、用纸、装订要求

（1）排版规格：正文使用3号仿宋体字，一般每面排22行，每行排28个字。

（2）公文用纸采用GB/T 148中规定的A4型纸，其成品幅面尺寸为210mm×297mm。特殊形式的公文用纸幅面根据实际需要确定。公文用纸天头（上白边）为37mm±1mm，公文用纸订口（左白边）为28mm±1mm，版心尺寸为156mm×225mm。

（3）装订要求：公文应左侧装订，不掉页。包本装订公文的封皮与书芯应吻合、包紧、包平、不脱落。

二、党政机关公文格式

公文的各要素分为版头、主体、版记三部分。

1. 版头

公文首页红色分隔线以上的部分称为版头。版头包括份号、密级和保密期限、紧急程度、发文机关标志、发文字号、签发人。

（1）份号：公文印制份数的顺序号，即将同一文稿印刷若干份时每份公文的顺序编号。涉密公文应当标注份号，份号一般用6位阿拉伯数字，顶格编排在版心左上角第一行。

（2）密级和保密期限：密级分为绝密、机密和秘密；保密期限是对公文秘密等级时效规定的说明。密级和保密期限一般用3号黑体字，顶格编排在版心左上角第二行。

（3）紧急程度：是对公文送达和办理的时限要求。根据紧急程度，标注“特急”“加急”，编排在版心左上角密级之下。

（4）发文机关标志：由发文机关全称或规范化简称加“文件”组成，居中红色套印在文件首页上端。

联合行文时，如需同时标注联署发文机关名称，一般应当将主办机关名称排列在前；如有“文件”二字，应当置于发文机关名称右侧，以联署发文机关名称为准上下居中排布。

（5）发文字号：编排在发文机关标志下空两行位置，居中排布。年份、发文顺序号用阿拉伯数字标注；年份应标全称，用六角括号“〔〕”括入；发文顺序号不加“第”字，不编虚位（即1不编为01），在阿拉伯数字后加“号”字。

上行文的发文字号居左空一字编排，与最后一个签发人姓名处在同一行。

（6）签发人：签发人由“签发人”三字加全角冒号和签发人姓名组成，居右空一字，编排在发文机关标志下空两行位置。

如有多个签发人，签发人姓名按照发文机关的排列顺序从左到右、自上而下依次均匀编排，一般每行排两个姓名，回行时与上一行第一个签发人姓名对齐。

发文字号之下 4mm 处，居中印一条与版心等宽的红色分隔线。

2. 主体

公文首页红色分隔线（不含）以下、公文末页首条分隔线（不含）以上的部分称为主体，包括标题、主送机关、正文、附件说明、发文机关署名、成文日期、印章、附注、附件。

（1）标题：对公文主要内容准确、简要的概括。由发文机关名称、事由和文种组成。除法规名称加书名号外，一般不用标点符号。标题位于红色分隔线下空两行，可分一行或多行居中排布；回行时，要做到词意完整、排列对称、间距恰当。

（2）主送机关：是指要求公文予以办理或答复的主要受理机关，应当使用机关全称、规范化简称。主送机关编排于标题下空一行位置，左侧顶格，回行时仍顶格。最后一个主送机关名称后标全角冒号。

（3）正文：公文正文表述公文的具体内容，通常分为导语、主体和结束语。正文编排于主送机关下一行，每个自然段左空 2 字，回行顶格。

（4）附件说明：公文如有附件，在正文下空一行左空 2 字编排“附件”，后标全角冒号和附件名称。如有多个附件，使用阿拉伯数字标注附件顺序号（如“附件：1. ×××××”）；附件名称后不加标点符号。

（5）发文机关署名：署发文机关全称或者规范化简称。

（6）成文日期：指公文生效的时间。署会议通过或者发文机关负责人签发的日期。联合行文时署最后签发机关负责人签发的日期。成文日期编排在正文之下，空两行右空 4 字，用阿拉伯数字将年、月、日标全。

（7）印章：公文中有发文机关署名的，应当加盖发文机关印章，并与署名机关相符。单一机关行文时，一般在成文日期之上、以成文日期为准居中编排发文机关署名，印章端正、居中下压发文机关署名和成文日期，使发文机关署名和成文日期居印章中心偏下位置，印章顶端应当上距正文（或附件说明）一行之内。

联合行文时，一般将各发文机关署名按照发文机关顺序整齐排列在相应位置，并将印章一一对应、端正、居中下压发文机关署名，最后一个印章端正、居中下压发文机关署名和成文日期，印章之间排列整齐、互不相交或相切，每排印章两端不得超出版心，首排印章顶端应当上距正文（或附件说明）一行之内。

（8）附注：是需要说明的其他事项，如公文的发放范围、使用时注意的事项、联系人及联系方式等。公文如有附注，居左空 2 字加圆括号编排在成文日期下一行。

（9）附件：公文正文的说明、补充或者参考资料。附件应与公文正文一起装订，并在附件左上角第一行顶格编排“附件”，有序号时编排序号；附件的序号和标题应当与附件说明的表述一致。如附件与公文正文不能一起装订，应在附件左上角第一行顶格编排公文的发文字号，并在其后标注“附件”及附件顺序号。

3. 版记

公文末页首条分隔线以下、末条分隔线以上的部分称为版记。版记包括抄送机关、印发机关和印发日期。

（1）抄送机关：指除主送机关外需要执行或知晓公文的其他机关。

如有抄送机关，一般用 4 号仿宋体字，在印发机关和印发日期之上一行、左右各空一字编排。“抄送”二字后加全角冒号和抄送机关名称，回行时与冒号后的首字对齐，最后一个抄送机关名称后标句号。

如需把主送机关移至版记，除将“抄送”二字改为“主送”外，编排方法同抄送机关。既有主送机关又有抄送机关时，应当将主送机关置于抄送机关之上一行，之间不加分隔线。

（2）印发机关和印发日期：印发机关是印制公文主管部门，印发日期是公文的付印日期。印发机关和印发日期一般用 4 号仿宋体字，编排在末条分隔线之上，印发机关左空一字，印发日期右空一字，用阿拉伯数字将年、月、日标全，年份应标全称，月、日不编虚位（即 1 不编为 01），后加“印发”二字。

版记中如有其他要素，应当将其与印发机关和印发日期用一条细分隔线隔开。

知识链接

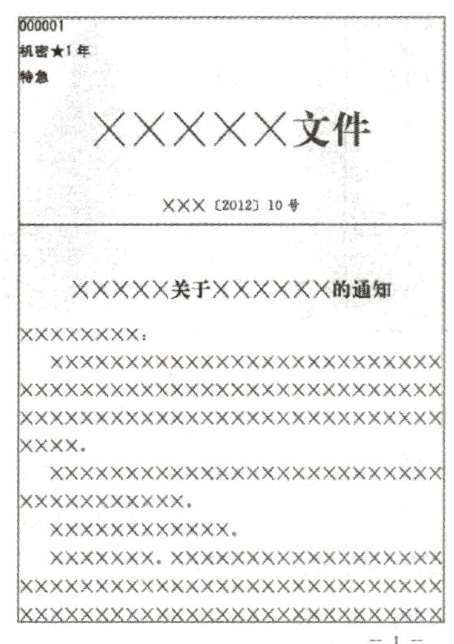

上行文首页版式

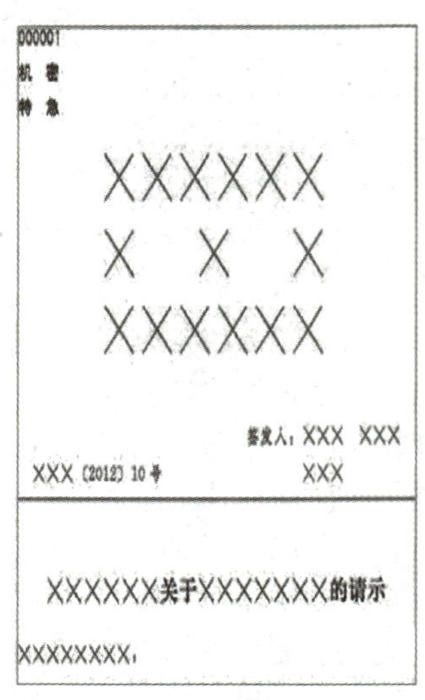

下行文首页版式

XXXXXXXXXXXXXXX.

XXXXXXXXXXXXXXXXXXXXXXXXXXXXXXXXXXXXXXXXXXXXXXXXXXXXXXXXXXXXXXXXXXXXXXXXX.

（加盖公章）

××××年××月××日

（XXXXX）

抄送：XXXXXXXX，XXXXXX，XXXXX，XXXXX，XXXXX。

XXXXXXXXX 2012年7月1日印发

— 2 —

公文末页版式Ⅰ普通行文

XXXXXXXXXXXXXXX.

XXXXXXXXXXXXXXXXXXXXXXXXXXXXXXXXXXXXXXXXXXXXXXXXXXXXXXXXXXXXXXXX。

（加盖公章）

××××年××月××日

（XXXXX）

抄送：XXXXXXXX，XXXXXX，XXXXX，XXXXX，XXXXX。

XXXXXXXXX 2012年7月1日印发

公文末页版式Ⅱ联合行文

三、决定、意见

决定

结构模板

项目		要点
标题		×××（发文机关全称或规范简称）关于×××的意见
主送机关		受文机关全称或规范简称
正文	事由	对重要事项或重大行动做出安排的依据
	事项	工作任务安排或重大行动的政策规定、方法措施等
	执行要求	对贯彻执行的要求
发文机关		发文机关全称（印鉴）
成文日期		××××年××月××日

（一）决定概述

1. 决定的概念

决定是各级党政机关普遍使用的一种下行公文。它适用于对重要事项或重大行动做出安排。这里的重要事项是指带有全局性或具有重大意义和影响的事项。重大行动是指对社会产生巨大影响的行动。当然，重要事项和重大行动是相对而言的，并非事事都是党和国家的重大方针政策。各级党政机关、企事业单位经常使用决定，比如表彰、处分、机构编制、人事安排等事项都可用决定行文。

2. 决定的特点

由于决定的内容是对重要事项或重大行动做出安排，所以决定具有如下两方面的特点。

（1）制约性。决定比较集中地体现发文机关对重要事项或重大行动的指挥和处置意图，要求下级机关无条件执行，其制约性和强制性虽然没有命令那么严格，但比其他公文都要强，有些决定还有法规作用。在某些方面，决定是法规的延伸和补充，具有较大的强制性和行政约束力。

（2）指挥性和指导性。决定是对重要事项或重大行动做出安排，其对下级机关有指挥性和指导性。

3. 决定的适用范围

决定的适用范围相当广泛，按其内容和作用，大体可分为三类。

（1）对某项工作或重大行动做出安排的决定，如《国务院关于严肃税收法纪加强税收工作的决定》《中共中央关于严厉打击刑事犯罪活动的决定》。

（2）对某一重大问题做出处理的决定。

（3）对设置机构、任免人员、召开会议或表彰、处分等重要事项做出的决定。

（二）决定的结构

决定一般由标题、主送机关、正文、发文机关、成文日期等部分组成。下面简要介绍标题和正文的结构及写法。

1. 标题

决定的标题要求写明发文机关、事由、文种，这三部分一般不能随意省略。如“××大学关于表彰军训先进个人的决定”。如果是会议通过的决定，需要在标题的下方居中以括号注明批准通过的会议名称和日期，如××××年××月××日通过，或××会议××××年××月××日通过。

2. 正文

由于决定的类型不同，其正文内容的侧重点就不同，写法也有不同。正文通常由决定事由和决定事项两部分构成，如对某项工作或重大行动做出安排的决定。这种决定具有很强的规定性和指挥效能，既要提出工作任务或重大行动，又要阐述完成工作任务或重大行动的政策规定、方法措施等，内容丰富，行文较复杂。

决定事由是指对重要事项或重大行动做出安排的依据。行文要求简明扼要，依据要恰当充分，令人信服。

决定事项是全文的主体内容，主要包括开展工作的有关政策原则、执行的事项及有关规定要求等。涉及材料较多的，一般采用分条式或分题式表述，行文要眉目清楚，用语要确切明了，易于有关人员把握和执行。

有些决定会对贯彻执行提出要求，可以在决定事项之后提出要求。

例文解析

【例文】

××大学××学院关于刘××违纪的处分决定

院内各部门：

刘××，女，××学院××专业学生，学号××××。

××××年×月××日，刘××盗走同寝室一位同学的招商银行信用卡，并于当天和×月××日持卡到×××手机城、××××百货商厦苏果超市等地进行消费，金额达3660元。经校保卫处调查，确定了刘××盗窃的事实，刘××本人也对此事供认不讳。

刘××的行为违反了校纪校规，在学院造成了不良影响。鉴于事发后刘××认错态度良好，并及时退赔，现根据《××大学××学院学生纪律处分办法（试行）》第二十一条第一款之规定决定：

给予刘××记过处分。

如本人对处分决定有异议，可于接到本处分决定后第二日起五个工作日内依据《××大学××学院学生校内申诉处理办法（试行）》的相关规定向学生申诉处理委员会提出申诉。

××大学××学院

××××年××月××日

评析

标题由发文机关、事由和文种组成。

被处分人情况介绍。

违规事实。

处理依据。

处理决定。

写明落款。

写明日期。

（三）决定的写作要求

1. 不能滥用决定行文

决定的内容要与决定的文种相符，不能滥发决定。有些单位以为用决定才能引起注意，把该用通知行文的内容用决定行文，这种滥用决定的情况应当尽量避免。

2. 决定事由要准确、合理

决定的事由是决定事项的依据、理由，要注意交代清楚，做到既简明扼要又有理有据、令人信服。

3. 决定事项要具体、明确、清楚

决定事项是决定的主要内容，有关机关要据此贯彻执行。因此，决定事项要求具体、明确，明明白白地讲清应当如何贯彻执行。内容比较复杂的决定，事项部分要分条列项表述，把主要的、重要的放在前面，次要的放在后面。结构要合理，层次要分明，内容要合乎逻辑。

意见

结构模板

项目		要点
标题		×××（发文机关全称或规范简称）关于×××的意见
主送机关		受文机关全称或规范简称
正文	发文缘由	发布意见的背景、根据、目的、意义
	意见条文	对重要问题的见解或处理办法
	执行要求	执行的事项及有关规定要求
发文机关		发文机关全称（印鉴）
成文日期		××××年××月××日

（一）意见概述

1. 意见的概念

意见是上级领导机关对下级机关部署工作，指导下级机关工作活动的原则、步骤和方法的一种文体。意见的指导性很强，有时是针对当时带有普遍性的问题发布的，有时是针对局部性的问题发布的，往往在特定的时间内发生效力。

2. 意见的特点

（1）指导性。意见虽然在文种的字面含义上没有指示、批复那样明显的指导色彩，似乎只是对某一工作提出意见以供参考，但实际上它也是指导性很强的一种文体。

（2）针对性。意见有着较强的针对性。它总是根据现实的需要，针对某一重要的问题提出见解或处理意见。例如，我国在提倡开展素质教育以来，中小学的现有教育技术装备显得不能适应素质教育的需要，教育部就及时对加强这一工作提出了意见；党内的民主生活会质量有待提高，中组部就及时下发了《关于提高县以上党和国家机关党员领导干部民主生活会质量的意见》。这些意见对于解决存在的问题都起了积极的作用。

（3）原则性。意见通常不是具体的工作安排，总是从宏观上提出见解和意见，要求受文单位结合具体情况，参照文件中提出的精神来办理。下级机关在落实意见精神时，比起执行指示有更大的灵活处理的余地。

3. 意见的分类

（1）规划性意见。规划性意见是对某一时期某一方面的工作提出的大体构想。它的特点是适用时期长，内容宏观化、整体化，类似于规划、纲要等计划性文体。它指示了一个时期内某项工作的要点、原则和努力方向，但一般没有具体的方法和措施。

（2）实施性意见。实施性意见一般是为贯彻落实某一重要决定或中心工作所制定的实施方案，重在阐发上级的有关精神，使下级单位对上级的文件精神有更深入的理解，同时提出较为具体的行动方案和工作安排。例如，《教育部关于一流本科课程建设的实施意见》。

（3）具体工作意见。具体工作意见是对如何做好某项工作提出意见，所涉及的内容比较具体，有时还会有一些可操作性的办法、措施等。中组部发布的《关于提高县以上党和国家机关党员领导干部民主生活会质量的意见》就是比较具体化的组织工作意见。行政机关的一些意见可以更具体地指向某项工作，如《海南省农业厅关于切实抓好今冬明春瓜菜产销工作的指导意见》。

（二）意见的结构

意见一般由标题、主送机关、正文、发文机关、成文日期组成。下面简要介绍标题、主送机关、正文的结构和写法。

1. 意见的标题和主送机关

（1）意见的标题。意见的标题有两种常见写法：一种是由“发文机关 + 主要内容 + 文种”组成，如“教育部关于一流本科课程建设的实施意见”。另一种是由“主要内容 + 文种”组成，如“关于提高县以上党和国家机关党员领导干部民主生活会质量的意见”。

（2）意见的主送机关。这分为两种情况：需要转发的意见没有主送机关这一项，但转发该意见的通知要把主送机关写清楚。直接发布的意见要有主送机关，主送机关的排列方法和一般公文相同。

2. 意见的正文

（1）发文缘由。这是意见的开头部分，主要写发布意见的背景、根据、目的、意义等，但不面面俱到。文字根据具体情况可长可短，最后以“现提出以下意见”“特制定本实施意见”等过渡性语句转入下文。如交通部、财政部、公安部、国家计委联合制定的《关于继续做好公路养路费等交通规费征收工作的意见》一文的开头。

近几个月来，一些单位和个人错误地认为，《中华人民共和国公路法》修改后即可不缴纳公路养路费等交通规费，因而出现了拖欠、拒缴、抗缴公路养路费等交通规费事件，造成国家交通规费大量流失。为保障公路养路费、车辆购置附加费等交通规费征收工作的正常进行，现提出如下意见：

这个开头先叙述了发文的背景和根据，然后指出了发文的目的和意义。

（2）意见条文。这是意见的主体，要把对重要问题的见解或处理办法一一写明。

如果是规划性意见，内容繁多，可列出小标题作为各大层次的标志，小标题下再分条表述。如《中共河南省委河南省人民政府关于〈中国教育改革和发展纲要〉的实施意见》一文，主体就分为五大部分，各自冠以小标题，分别是：一、教育发展的目标和任务；二、深化教育改革的政策措施；三、切实增加教育投入；四、加强教师队伍建设；五、切实加强对教育工作的领导。每一小标题下列出若干条文，共计 28 条。

如果是内容较单纯、集中的工作意见，主体部分直接列条即可，不必再设小标题。如《关于继续做好公路养路费等交通规费征收工作的意见》，主体部分就直接分为 5 条。

（3）执行要求。有些意见需要对贯彻执行提出一些要求，可以列入条款，也可单独在正文最后写一段简练的文字予以说明。如无必要，此项免除。

例文解析

【例文】

国务院办公厅关于政府向社会力量购买服务的指导意见

各省、自治区、直辖市人民政府，国务院各部委、各直属机构：

党的十八大强调，要加强和创新社会管理，改进政府提供公共服务方式。新一届国务院对进一步转变政府职能、改善公共服务作出重大部署，明确要求在公共服务领域更多利用社会力量，加大政府购买服务力度。经国务院同意，现就政府向社会力量购买服务提出以下指导意见。

一、充分认识政府向社会力量购买服务的重要性

改革开放以来，我国公共服务体系和制度建设不断推进，公共服务提供主体和提供方式逐步多样化，初步形成了政府主导、社会参与、公办民办并举的公共服务供给模式。（略）

二、正确把握政府向社会力量购买服务的总体方向

（一）指导思想。

…………

（二）基本原则。

…………

（三）目标任务。

…………

评析

标题由发文机关、事由和文种组成。

写明主送机关。

写作意见的缘由。

对意见的指导思想、基本原则及目标任务的阐述。

三、规范有序开展政府向社会力量购买服务工作

（一）购买主体。

…………

四、扎实推进政府向社会力量购买服务工作

（一）加强组织领导。

…………

国务院办公厅

2013 年 9 月 26 日

> 具体的指导内容涵盖多个方面。
>
> 提出执行要求。
>
> 写明落款和日期。

（三）意见的写作要求

1. 上行意见的语气

上行的意见要使用下级对上级汇报见解、陈述办法的语气，如“我们考虑”“我们认为”“我们建议”“我们要求”及“请”“敬”“望”等。

2. 下行意见的语气

下行的意见则较多使用一些带有祈使语气表示肯定或带有禁止语气以示否定的指令性语气。

3. 平行意见的语气

平行的意见要使用平等协商的语气，多用商量、谦恭的语句，以争得对方的理解与支持。

四、通知、通报

通知

结构模板

项目		要点（批示性通知）
标题		×××（发文机关全称或规范简称）关于转发（附加词）×××的通知
主送机关		受文机关全称或规范简称
正文	事由	被批转或转发的公文标题、批准机关
	事项	对某项工作的定性，做好某项工作的意义
	执行要求	对贯彻执行的要求
发文机关		发文机关全称（印鉴）
成文日期		××××年××月××日

项目		要点（会议通知）
标题		×××（发文机关全称或规范简称）关于召开×××会议的通知
主送机关		受文机关全称或规范简称
正文	事由	开会缘由
	事项	会议名称、主持单位、会议内容（议题）、参加人员等 一、开会（起止）时间 二、会址会场 三、报到时间、地点 四、联系方式
发文机关		发文机关全称（印鉴）
成文日期		××××年××月××日

（一）通知的概念

通知是用于批转下级机关的公文、转发上级机关和不相隶属机关的公文、发布规章、传达要求下级机关办理和有关单位需要周知或共同执行的事项、任免和聘用干部的一种公文。

（二）通知的分类及结构

1. 批示性通知

（1）批示性通知的概念。

批示性通知是指领导机关批转下级机关的公文，转发上级机关、同级机关和不相隶属机关的公文所使用的通知。这类公文一般有两个或两个以上文种。通知为第一文种，被批转、转发的公文文种是第二文种。这类通知一般要有对所批转、转发的公文的意见或评价，并分别写明批转、转发的目的，一般要写得精练、简明；在被批转、转发的公文前面，与被批转、转发的公文一起构成一个新的公文。

（2）批示性通知的结构。

①标题。由发文机关名称、被批转的公文标题与“通知”组成，例如，“×××（发文机关名称）关于批转（或转发）×××××规定（或意见、报告等）的通知”。行政机关的批示性通知的标题，除批转、转发的公文是法规性公文外，不用书名号。

②主送机关。主送机关要写受文机关全称或规范简称。

③正文。正文有两种写法。从结构上看，段落不同，其写作方法亦不同。

只有一个自然段的，结构比较简单，内容包括被批转或转发的公文标题、批准机关、对贯彻执行的要求三个部分，例如，“《×××××报告》已经×××同意，现转发给你们，请认真贯彻执行”。

有两个或两个以上自然段的，除第一个自然段与上述写法相同外，还要根据实际情况写明具体的指示性意见，包括对某工作的定性、做好某工作的意义和对贯彻执行的要求等，以提高下级机关对某项工作重要性的认识，达到统一思想的目的，并能在实际工作中抓落实。

④发文机关名称和成文日期标注在正文之后，对传达贯彻另有要求的，在印发

传达范围处予以说明。

2. 指示性通知

（1）指示性通知的概念。

指示性通知是指上级机关对下级机关就某项工作有所指示和安排，根据公文内容不宜用命令、指示、决定等文种，只能用通知。这种通知使用起来比较灵活、自由，但其法定效力是一样的，都是要贯彻执行的。

（2）指示性通知的结构。

①标题。标题由发文机关名称、公文主题和文种组成。

②正文。正文由开头和主体两部分组成。开头部分以精练的文字写出某项工作的定义、工作进展情况和当前存在的问题，有的阐明发文的目的、依据和任务，然后以一个过渡句承上启下，比如，“特通知如下”“现就做好× × ×工作，特做如下通知”等。主体部分一般由做好某项工作的意义（为什么要这样做）、具体措施（如何去做）、保障措施（如何确保具体措施的实施）三大部分组成。指示性通知一般不单独结尾，正文写完，自然结束。

这类通知要写得具体、生动，符合实际，切实可行。文字要通畅、简练，语言要平实、明快，准确地表达发文机关的意图，使人一看就懂，易于贯彻执行。

3. 法规性通知

（1）法规性通知的概念。

法规性通知是指某些通知不是法规性公文，但又接近法规性公文。在内容的涵盖面和篇幅上，法规性通知与法规性公文相当；在语言表述上，法规性通知非常准确、贴切、庄重、规范，但其精确程度不如法规性公文；在结构形式上，法规性通知既可分项（条）陈述，也可分几个部分或几个层次陈述；在针对性和操作性方面，法规性通知比法规性公文更具体、细致，针对性和操作性更强。

（2）法规性通知的结构。

正文的开头部分主要阐明行文的目的、意义、依据，以“特做如下通知”提示正文。

正文的主体部分一般分项陈述。在结构层次上可分为几个部分，每个部分内部如果有两个以上层次，则应标明序数。第一个层次的序数，全篇统一编顺序号；第二个层次的序数，全篇可统一编顺序号，也可分开编顺序号。要求做到内容完整、结构严谨、层次分明、逻辑严密，具有很强的针对性、规范性和操作性。正文写完，全文即结束。

4. 任免通知

（1）任免通知的概念。

任免通知是指干部（人员）职务任免的通知，对于党政机关、企事业单位和社会团体，干部职务任免用通知发布；对于军事机关，干部职务任免用命令发布。上级机关任免下级机关的领导人，或上级机关有关人事任免事项需要下级机关知道时，用任免通知。这种通知的写法比较简单，一般只要写清决定任免的时间、机关、会议或依据文件，以及任免人员的具体职务即可。

（2）任免通知的结构。

①标题。如《× × ×关于× × ×同志（等同志）职务任免的通知》。

②正文。比如：

经研究决定（或研究同意或经研究或经× ×批准）：

× × ×同志任× × ×职务，免去其× × ×职务；

× × ×同志任× × ×职务（试用期一年）。

对于提拔任职的同志，先进行公示。公示之后符合干部选任条件的，在其职务之后加圆括号注明试用期（一般是一年）。

5. 会议通知

（1）会议通知的概念。

机关、单位召开会议，要提前通知参加会议的人员，这就是会议通知。某些重要的特定的会议还要请上级机关派人指导。

会议通知一般用正式公文（包括电报）发出。格式中要注意紧急程度和密级的标注，一定要实事求是；重点是标题和正文。

（2）会议通知的结构。

①标题。会议通知的标题由发文单位名称、会议名称与“通知”组成。重点写好会议名称，不需加引号。确定会议的名称有两种方法：一是根据会议的内容确定会议名称，比如“全市经济工作会议”；二是根据参加会议人员确定会议名称，比如“全市宣传部长会议”。

②主送机关。主送机关要写受文机关全称或规范简称。

③撰写正文要注意以下三点。

首先，内容要全面。会议通知的正文一般应具备 12 个要素：决定召开会议的机关、会议名称、会议时间、会议地点、会议任务（会议内容）、与会人员、参加人数、入场凭证、报到时间及具体的地点、联系人与联系电话、与会人员需带的材料、什么时间上报与会人员名单及其他有关要求（比如座位号、限带车辆与人员）等。这些内容必须一一写清楚，不能有遗漏。

其次，事项要清楚。会议通知所涉及的每一事项都应交代清楚，切不可含糊其词。例如，只要求有关单位负责同志各 1 人参加的会议，不能笼统地写成“有关单位的负责同志”，而应写明“分管某工作的负责同志”或“有关单位的负责人各 1 人”。

再次，文字要简练。能用 100 个字写清楚的会议通知就不用 101 个字。由于会议的内容不同，会议通知的写法不强求一致，但都要以最简练的文字表达会议通知的所有事项。

④发文机关和成文日期标注在正文之后。

6. 一般性通知

一般性通知是指上级机关的有关事项需要下级知道或办理时所使用的知照性通知。如开展集体活动，成立、调整、合并、撤销机构，启用印章和其他需要告知的事项等。这种通知使用灵活、方便、快捷、频率高。上级机关需要下级机关办理有关事项时，要交代清楚所通知的具体事项、如何办理、有什么要求等。

一般性通知的撰写要视具体情况确定，不同的内容有不同的要求。标题一般由发文机关、主要内容、文种组成。比较简单的通知可省略前面的一项或两项内容，根据具体内容确定。正文的撰写千差万别。比如，成立和调整领导机构的通知的开头部分要写明成立、调整的缘由和形成此决定的机关；领导机构的人员、职务要一一核准，防止人名与职务方面产生差错。正文之后署发文机关的名称，但行政机关独立行文的公文只盖章，不署名。

例文解析

【例文】

海南省人民政府关于
进一步加大力度集中整治违法建筑的通知

各市、县、自治县人民政府，省政府直属各单位：

整治违法建筑工作事关我省实施科学规划、推进新型城镇化和国际旅游岛建设的大局。2011 年 10 月，省政府在三亚市召开全省整治违法建筑现场会，对开展全省整治工作进行了部署，各市县政府迅速行动，加大整治力度，特别是海口市、三亚市分别开展了打违拆违的“雷霆”和“铁锤”行动，集中力量，重拳出击，对违法建筑给予了有力的打击，取得了阶段性的成果。但尚有部分市县对整治工作重视不够，没有建立常态化的工作机制，打击力度不大，违法建筑屡禁不止。为进一步保持对违法建筑的高压打击态势，遏制违法建筑蔓延趋势，维护城乡建设秩序，改善城乡面貌和环境，促进科学规划顺利实施，推进新型城镇化和国际旅游岛建设发展，省政府决定进一步加大力度集中整治违法建筑。现就有关事项通知如下：

一、统一思想认识，深刻把握整治违法建筑的重要意义。违法建筑屡禁不止和大量存在，严重破坏城乡规划的实施，浪费土地资源，影响城乡风貌，扰乱社会管理秩序，侵犯社会公共利益，妨碍社会公平，损害政府的公信力，阻碍我省实施科学规划、推进新型城镇化和国际旅游岛建设。进一步……

二、加强组织领导，落实整治工作责任。各市县政府对本行政区域内整治违法建筑工作负总责，统一领导和组织整治违法建筑工作。要成立整治违法建筑工作领导小组，

评析

标题由发文机关、事由和文种组成。

阐明写作的缘由。

对通知的指导思想、意义的阐述。

明确组织领导责任问题。

明确职责分工，建立健全组织决策机制和工作机制。要将整治工作列入重要议事日程，作为当前一项非常重要的工作来抓，做到主要领导亲自抓、分管领导具体抓，一级抓一级，层层抓落实。同时，要将整治违法建筑所需工作经费纳入年度财政预算予以安排，确保整治工作正常开展。

三、加大宣传力度，营造浓厚的整治氛围。各市县政府……

阐述加大宣传力度的作用。

四、开展调查摸底，全面摸清违法建筑底数。各市县政府要成立以规划、建设、国土、房产、城管等部门和乡镇政府为主体的调查组，充分发挥社区居委会、村委会的作用，对本行政区域内违法建筑进行全面调查摸底，分类统计、登记造册，建立详细的台账，摸清违法建筑……

明确具体的工作内容。

五、明确工作原则，依法开展整治。开展整治违法建筑工作，必须遵循依法行政、以人为本的宗旨，坚持属地管理和共同责任、协同联动和联合执法、区别对待和分类处置、科学规划和逢建必报、绩效考核和行政问责以及标本兼治和疏堵结合的原则，严格执行行政处罚和行政强制的各项法定工作程序，确保整治工作科学、高效、依法、稳妥地推进。

叙述工作原则。

六、明确工作目标，确保整治工作有序推进。各市县政府要按照“控增量、减存量、建机制、保长效”的整治工作总体目标，控制新增违法建筑，保持零增长，逐步减少存量违法建筑，建立长效机制，确保整治工作常态化。要结合本地实际，实事求是地确定本行政区域内的长期、近期和年度整治工作目标，制定任务时间表，确定时间节点，分阶段、分年度有序推进整治违法建筑工作。

明确工作目标。

七、抓住重点，促进整治工作全面开展。各市县政府要根据违法建筑……

全面开展整治工作。

八、加强协作配合，形成整治工作合力。各市县政府要建立包括规划、建设、国土、城管、房管、园林环卫、工商、交通、铁路、文化、卫生、商务、食品药品监督、水务、海洋、林业、消防、税务、公安、供水、供电、供气等部门和单位以及乡镇政府……

明确各有关部门的任务。

九、建立长效机制，确保整治工作常态化。为巩固整治成果，各市县政府要……

阐明建立长效机制的作用。

十、制订实施方案，抓好集中整治工作的落实。各市县政府要按照本通知……

具体方案的制订。

海南省人民政府

2013年9月14日

写明落款。

写明日期。

例文解析

【例文】

××县人民政府关于张××等同志免职的通知

各乡镇人民政府，县各办、局，县各直属单位：

经研究决定：

免去张××同志县劳动和社会保障局副局长职务；

免去赵××同志县科学技术局副局长职务。

××县人民政府

××××年××月××日（印章）

评析

标题由发文机关、事由和文种组成。

直接写明免职人及职务内容。

本文为任免通知，全文语言简洁，目的明确。

例文解析

【例文】

××省人民政府办公厅

关于召开全省农村公路建设工作会议的通知

各市、县、自治县人民政府，省政府直属各有关单位：

为落实国务院下发的《全国农村公路建设规划》精神，进一步明确各市、县政府农村公路建设的组织和管理责任，确保按时、保质、保量完成今年农村公路“通畅工程”建设任务，省政府决定召开全省农村公路建设工作会议。现将有关事宜通知如下：

一 、会议时间

2018 年 1 月 7 日下午 14：45，会期半天。

二、会议地点

省政府办公楼二楼报告厅。

三、会议内容

（一）传达《××省人民政府办公厅关于推进我省农村公路建设管理与养护体制改革的实施意见》。

（二）省政府与各市、县政府签订 2013 年农村公路“畅通工程”建设责任书。

四、参加会议人员

（一）各市、县政府分管负责人。

（二）省发展与改革厅、省财政厅、省审计厅分管负责人，省交通厅及所属公路相关事业单位主要负责人。

评析

标题由发文机关、事由和文种组成。

阐明会议召开的缘由。

明确会议时间。

明确会议地点。

明确会议内容。

明确与会人员。

（三）各市、县交通局和地方道路管理站主要负责人。

（四）邀请省第三派驻纪检监察组、国家开发银行××省分行分管负责人出席会议。

（五）请××日报社、××广播电视台派记者报道。

五、其他事项

（一）各市县交通局、地方公路管理站参加会议人员由各市、县政府负责通知；省交通厅所属公路相关事业单位参加会议人员由省交通厅负责通知。

（二）请与会人员于2018年1月6日上午12：00前到××宾馆总服务台报到并领取会议文件。

（三）会务工作由省交通厅负责。联系人：×××；联系电话：×××××××××，×××××××××（传真）。

××县人民政府办公厅

××××年××月××日（章）

其他事项的安排。

与会人员报到事项。

会议负责人、联系人及电话。

写作日期、公章。

（三）通知的写作要求

不论哪种类型的通知，写作时都应该注意以下几点。

1. 规范标题

通知一般使用“发文机关＋事由＋文种”的标题，简单地使用“通知”作为标题是不确切的。

2. 写明被通知单位

被通知单位就是文件的主送单位，写通知时不写被通知单位是不妥当的。

3. 紧急通知的标题要求

如果所通知的事项需要被通知的单位尽快知道，可在“通知”之前加“紧急”二字。

通报

结构模板

项目		要点（表彰通报、批评通报）
标题		×××（发文机关全称或规范简称）关于×××表彰（批评）的通报
主送机关		受文机关全称或规范简称
正文	事由	叙述先进事迹，交代事故或错误事实的经过情况
	事项	对上述事件进行分析、评议；提出表彰或处分决定
	结尾	提出表彰或发出号召或提出告诫，或重申某一方面的纪律
发文机关		发文机关全称（印鉴）
成文日期		××××年××月××日

（一）通报概述

1. 通报的概念

通报适用于表彰先进、批评错误、传达重要精神和告知重要情况。

2. 通报的特点

（1）题材的典型性。通报的题材，不论是表彰性的、批评性的，还是通报情况的，都要求有典型意义。典型就是既有普遍性、代表性，又有个性和新鲜感的事实。

（2）思想的引导性。通报的内容，不论是肯定性的还是否定性的，其价值都并不仅仅在于宣布对事件的处理结果，而是要树立学习榜样，或者提供借鉴，使读者能够总结经验、吸取教训，思想上受到启迪，得到教益。

（二）通报的结构

通报由标题、主送机关、正文、发文机关、成文日期组成。通报的标题大多采用“发文机关＋主要内容＋文种”的常规写法。主送机关一般都比较多，以体现“通”的特点。正文的写法因类而异，下面分别进行介绍。

1. 表彰通报

用来表彰先进人物或先进集体，介绍先进事迹，推广典型经验的通报就是表彰通报。这是从高层机关到基层单位都广泛采用的常用公文类型。

用于表彰的通报，从规格上说，应低于嘉奖令、表彰决定，但是，以发公文的方式对个人或集体的先进事迹进行表彰，这本身就是很郑重、严肃的事情，所以从写作态度上不能掉以轻心。

表彰通报的正文分为四个部分。

（1）介绍先进事迹。这一部分用来介绍先进人物或集体的行动及其效果，要写清时间、地点、人物、基本事件过程。表达时使用概括叙述的方式，将事实讲清楚即可。

（2）叙述先进事迹的性质和意义。这部分主要采用议论的写法，但并不要求有严谨的推理，而应在概念清晰的前提下以判断为主。写作时要注意文字的精练。

（3）写作表彰决定。这部分写什么会议或什么机构决定，给予表彰对象何种表彰和奖励。如果表彰的是若干个人，或者有具体的奖励项目，可分别列出。这部分在表达上难度不大，要注意的主要是表达清晰、用词精当的问题。

（4）希望号召。这是表彰通报必须有的结尾部分，用来提出希望、发出号召。希望号召部分表述的是发文的目的，也是全文的思想落脚点，要写得完整、得体，富有逻辑性。

2. 批评通报

批评通报是针对某一错误事实或某一有代表性的错误倾向而发布的通报，有针砭、纠正、惩戒的作用。它可以针对某一个人所犯的错误事实而发，如《××省教育委员会关于××县××乡教育组长王××挪用教育经费私建住宅的通报》；也可以针对某一部门、单位的不良现象而发，如《国务院关于一份国务院文件周转情况的通报》；还可以针对普遍需要注意的某种问题而发，如《教育部办公厅关于近期学校食物中毒事件的通报》。

批评通报的正文也分为四个部分。

（1）错误事实或现象。如果是对个人的错误进行处理的通报，这部分要写明犯错误人的基本情况，包括姓名、所在单位、职务等，然后是对错误事实的叙述，要写得简明扼要、完整清晰。

（2）错误性质或危害性的分析。如果是处理单一错误事实的通报，这部分要对错误的性质、危害进行分析，一般都写得比较简短。如果是对综合性的不良现象或问题进行通报，这部分的分析性文字可能要复杂一些。

（3）惩罚决定或治理措施。对个人单一错误事实进行处理，要写明根据什么规定，经什么会议讨论决定，给予什么处分等。对普遍存在的错误现象或问题，在这部分中要提出治理、纠正的方法措施。

（4）提出希望要求。在结尾部分，发文机关要对受文单位提出希望和要求，以使受文单位高度重视、认清性质、吸取教训、采取措施。

3. 情况通报

用来传达重要精神、沟通重要情况的通报是情况通报。为了让下级单位对一些重要事件或全局状况有所了解，上级机关应该适时发布这样的通报。

情况通报的正文由三个部分构成。

（1）写作缘由与目的。情况通报的开头要叙述基本事实，阐明发布通报的根据、目的、原因等。开头不宜过长，要综合归纳、要言不烦。

（2）介绍情况与信息。主体部分主要用来叙述有关情况、传达某些信息，通常内容较多，篇幅较长，要注意梳理归类，合理安排结构。

（3）提出希望和要求。在明确情况的基础上，对受文单位提出一些希望和要求。这部分是全文思想的归结之处，写法因文而异，总的原则是抓住要点，切实可行，简练明白。

例文解析 

【例文】

关于给予我市参加第30届奥运会获奖运动员及有突出贡献单位和个人表彰的通报

穗府〔2012〕28号

各区、县级市人民政府，市政府各部门、各直属机构：

在刚刚结束的第30届奥林匹克运动会上，我市入选中国体育代表团的体育健儿，大力弘扬“更快、更高、更强”的奥林匹克精神，取得了2项金牌、1项铜牌、1项第六名、2项第七名的优异成绩，实现了运动成绩与精神文明双丰收，为国家增添了光彩，为我市建设国际体育名城作出了突出贡献。

为表彰他们所取得的优异成绩，省政府于8月19日给予获得跳水男子双人10米跳台金牌运动员张雁全、击剑男子花剑个人金牌运动员雷声记一等功，给予获得跆拳道男子80公斤以上级铜牌运动员刘哮波记三等功。

市人民政府同意给予谭静瑜、董兆致、刘玉玲3名带训、输送教练员记二等功；给予获得第四至第八名的关馨、魏伟、马剑飞、朱俊4名运动员记三等功；给予张毅、毛伟红、葛千虹、刘丽娴、严国庆5名输送教练员记三等功；给予广州体育职业技术学院、广州市击剑队、广州市跳水队记集体二等功；给予广州市篮球队、广州市跆拳道队记集体三等功。

希望全市体育工作者再接再厉，戒骄戒躁，同心同德，奋勇进取，力争在今后国内外大赛中再创佳绩。希望全市广大干部群众以奥运健儿为榜样，为进一步推进我市新型城市化发展，建设国际体育名城和幸福广州作出新的更大贡献！

广州市人民政府

2012年8月30日

评析

标题由事由和文种组成。

表彰的先进事迹内容及对先进事迹的评价。

具体表彰内容。

提出希望。

（三）通报的写作要求

1. 行文要及时

通报的时间性较强，写作要及时迅速，以指导当前工作，否则，就不能起到很好的教育作用。

2. 事例要真实、典型

通报所据应当是真人真事，不能有半点虚假，否则不但影响教育效果，还会有损发文单位的声誉。因此，写通报前一般要调查、核对事实，做到准确无误。

3. 详略要得当

通报的事例是写作的重点，要注意详略得当。若过于简单，变成抽象的概述，人们难以受到教育，产生不了爱憎之情；若过于详细，将通报写成近似通告或报告文学，又会使人难以把握要领。

4. 要突出教育性，注意掌握政策

通报与决定不同，它不是一种行政命令，它最主要的特点是教育性，在写作中要注意突出这一特点。在写通报中的处理意见时，必须注意政策，掌握好分寸，使处理决定与事实、政策相一致，做到合情合理，否则，既对当事人不利，又难以服众。

五、报告、请示

报告

结构模板

项目		要点
标题		××（发文机关全称或规范简称）关于××的报告
主送机关		受文机关全称或规范简称
正文	导语	交代报告产生的现实背景、产生的根据或叙述事件概况
	主体	叙述成绩、做法、经验、体会、打算、安排/措施和要求
	结语	特此报告；以上报告，请审阅；以上报告如无不妥，请批转有关部门执行
发文机关		发文机关全称（印鉴）
成文日期		××××年××月××日

（一）报告概述

1. 报告的概念

报告是适用于向上级机关汇报工作、反映情况、回复上级机关的询问的公文，是行政机关和党的机关都广泛采用的重要上行文。

2. 报告的特点

（1）单向性。报告是下级机关向上级机关汇报工作、反映情况、提出建议时使用的单方向上行文，不需要上级机关给予批复。在这方面，报告和请示有较大的不同。请示具有双向性特点，必须有批复与之相对应；报告则是单向性行文，不需要任何相对应的文件。为此要注意，类似“以上报告当否，请批示”的说法是不妥当的。

（2）陈述性。报告在汇报工作、反映情况时，所表达的内容和使用的语言都是陈述性的。本单位遵照上级的指示做了什么工作，怎样做的这些工作，取得了哪些成绩，还存在哪些不足，必须要一一向上级陈述。反映情况时，也要把时间、地点、人物、事件、原因、结果叙述清楚，向上级机关提供准确的现实性信息。即便是提出建议的报告，也要在汇报情况的基础上提出建议来。

（3）趋时性。在机关工作中，有“事前请示，事后报告”的说法。多数报告都是在某种情况发生之后向上级做出的汇报，但实际上，报告的行文时间比较灵活，根据需要，也可以在事前、事中行文。如建议性报告就应该尽量超前一些，否则木已成舟，再提建议也没有意义了。

3. 报告的分类

（1）工作报告。工作报告又称综合报告，用于总结工作经验、汇报工作进展情况或提出今后的工作设想。

（2）情况报告。情况报告又称专题报告，是对工作中的重大情况、特殊情况、新情况进行调查了解后向上级做出的报告。它不需要答复，主要是让上级了解和掌握情况，以便采取措施、指导工作。

（3）建议报告。对自己职权范围内的某方面工作有了深思熟虑、切实可行的设想之后，将其归纳整理成意见、办法、方案，上报上级，希望上级机关采纳，这就是建议报告，如林业部制发的《关于进一步加强森林防火工作的报告》。

（4）答复报告。答复上级机关询问的报告，称为答复报告。这种报告的内容针对性最强，上级询问什么就答复什么，不能答非所问。对待上级机关的询问一定要慎重，如果不了解真情，要经过深入的调查研究后再做答复。

（5）报送报告。这是向上级报送文件、物件时使用的报告，正文通常非常简略，写明“现将××××报上，请指正（请查收）”即可。

（二）报告的结构

报告由标题、主送机关、正文、发文机关、成文日期组成，下面主要介绍标题、主送机关、正文的写法。

1. 报告的标题

报告的标题有两种写法：一是“发文机关＋主要内容＋文种”的写法，二是“主要内容＋文种”的写法。

2. 报告的主送机关

行政机关的报告，主送机关尽量要少，一般只送一个上级机关即可。但行政机关受双重领导的情况比较多见，只报送其中一个上级机关显然不妥，因此，有时主送机关可以不止一个。报告应报送自己的直接上级机关，一般情况下不要越级行文。

3. 报告的正文

（1）报告的导语。导语指报告的开头部分，它起着引导全文的作用，所以称为导语。

不同类型的报告，其导语的写法也有较大的不同。概括起来，报告的导语有以下几种类型。

①背景式导语：交代报告产生的现实背景，例如“中央纪委召开了部分省市清理党员干部违纪建私房座谈会，总结交流了各地清房工作的情况和经验，并就清房中遇到的一些政策性问题进行了讨论，根据各地的做法和座谈会中提出的问题，中央纪委常委研究提出以下建议”。

②根据式导语：交代报告产生的根据，例如“根据省委、省政府领导同志的指示，我厅于去冬派人到涪陵区和渠县，与市、县的同志一道，对城镇贫困户的情况做了一些调查。涪陵区委、区政府和渠县县委、县政府对此十分重视，在调查研究的基础上，立即采取措施，着手解决这一问题。现将两地城镇贫困户的情况及采取的措施报告如下”。

③叙事式导语：简单叙述一个事件的概况，一般用于反映情况的报告。例如“2012 年 2 月 20 日上午 9 时 40 分，我省××市百货大楼发生重大火灾事故，市消防队出动 15 辆消防车，经过 4 个小时的扑救，大火才被扑灭。这次火灾除消防队员和群众奋力抢救出部分商品外，百货大楼三层楼房一幢及余下商品全部烧毁。时值开门营业不久，顾客不多，加之疏散及时，幸未造成人员伤亡。但此次火灾已造成直接经济损失 792 万余元”。

④目的式导语：将发文目的明确阐述出来作为导语。例如“为认真贯彻落实《国务院批转林业部关于进一步加强森林防火工作报告的通知》（国发〔1993〕42号），切实做好我市防火工作，保护和发展森林资源，更好地为改革开放和经济建设服务，结合我市实际情况，就进一步加强森林防火工作提出以下几点意见”。

（2）报告的主体。报告的主体也有多种写法，下面择要介绍几种常见形态。

一是总结式写法。这种写法主要用于工作报告。主体部分的内容以成绩、做法、经验、体会、打算、安排为主，在叙述基本情况的同时有所分析、归纳，找出规律性认识，类似于工作总结。总结式写法最需要注意的是结构的设计安排，按照总结出来的规律性认识来组织材料、安排层次，是最常用的结构方式。

“情况—原因—教训—措施”四步写法多用于情况报告，先将情况叙述清楚，然后分析情况产生的原因，接着总结经验教训，最后提出下一步的行动措施。例如，《××省商业厅关于××市百货大楼重大火灾事故的报告》采用的就是这样的写法。

二是指导式写法。这种结构多用于建议报告。希望上级部门采纳建议，批转给有关部门执行、实施，是建议报告的基本写作目的。为此，建议要针对某项工作提出系统完整的方法、措施和要求，对工作实行全面的指导。建议在形式上采用分条列项的方法逐层表达。例如《××省计划生育委员会关于进一步加强厂矿企事业单位计划生育工作的报告》，针对计划生育问题向省人民政府提出了四条建议：加强组织领导、明确职责、提高干部素质、落实经费。

（3）报告结语。报告的结语比较简单，可以重申意义、展望未来，也可以采用模式化的套语收结全文。模式化的写法大致是：“特此报告”“以上报告，请审阅”“以上报告如无不妥，请批转执行”等。

例文解析 

【例文】

××市人民政府关于治理××河水质污染问题的报告

××省人民政府：

省政府转来××委员会提出的关于××河水质污染状况的报告，经市政府调查研究，对报告中提出的有关问题及解决方案报告如下。

一、解决××河水质污染问题的关键是尽快建成污水处理厂。现在××河的污染主要是××区排放的污水所致。××区的排放量为25万吨，污水比较集中，因污水处理厂未能及时建立，致使污水直接排入××河，造成了××河的污染。

为解决××河的污染，市政府已抓紧××区污水处理厂建设，争取在20××年建成。××区污水处理厂原设计概算为8316万元，按现行价格估算约为1100万元，已于20××年××月开工，建成了8项附属设施，计完成投资200万元。市政府今年安排的300万元投资已全部落实，××区城环局正在组织实施。

根据××河河道以南人口密集区的地下水污染和环境问题，在污水处理厂未建成之前，利用现有污水管道，把污水引到某区污水处理厂以西，污水直接排入污水处理厂的出口，这就避开了污染区。

二、电热厂的粉煤灰也是污染源之一。对于电热厂储灰厂的选址，必须考虑到对地下水和环境的污染。选址已责成××区电热厂抓紧做工作，争取尽快报市政府有关部门审批。对南储灰厂渗漏对地下水的污染，主要采取截流集中排放的措施，以减少对地下水的污染。

××市人民政府

××××年××月××日

评析

开门见山阐述报告写作缘由。

分条列项说明解决问题的具体建议、安排。

措施明确具体、切实可行。

（三）报告的写作要求

报告写作一般要求在掌握充分材料的基础上进行综合分析，提炼出正确的主题和新颖的观点，然后用简洁的语言来表述。具体要求做到以下几点。

1. 立意要新

提炼主题，应该在占有大量材料的基础上进行分析研究，归纳出新颖的观点，从而提炼出能反映出本质的、带规律性的主题。

2. 内容要真实、具体

要尽可能亲自调查了解，掌握第一手材料，然后进行分析归纳，去伪存真。材料要具体，既有概括性的材料，也有典型的具体事例。

3. 重点突出

报告的内容要根据主题的要求来安排，分清主次轻重。重点的、主要的内容要安排在前面，应详写；非重点的、次要的内容可略写；可写可不写的内容就不写。

4. 报告中不能夹带请示事项

报告的受文单位不用答复，如果在报告中夹带请示事项，不但不便处理，甚至还会贻误工作。呈转性建议报告中提请上级机关批转有关单位执行的意见，其实也是下级机关提出的建议，不应看作一种请示。上级机关对此建议也不必向报告作者机关批示表态。

请示

结构模板

项目		要点
标题		××（发文机关全称或规范简称）关于××的请示
主送机关		受文机关全称或规范简称
正文	开头	请示缘由
	主体	希望在哪些具体问题、方面得到指示/写明要求批准的事项
	结语	当否，请批示；妥否，请批复；以上请示，请予审批；以上请示如无不妥，请批转有关部门执行
发文机关		发文机关全称（印鉴）
成文日期		××××年××月××日

（一）请示概述

1. 请示的概念

请示是下级机关向上级机关请求对某项工作、问题做出指示，对某项政策界限给予明确，对某事予以审核批准时使用的一种请求性公文，是应用写作实践中的一种常用文体。

2. 请示的特点

（1）期复性。在公文体系中，请示是为数不多的双向对应文体之一，与它相对应的文体是批复。下级有一份请示报上去，上级就会有一份批复发下来。不管上级是不是同意下级的请示事项，都必须给一个回复。一般不得越级请示。特殊情况确实需要越级请示的，如经多次请示上级机关而长期未能解决问题，可以越级请示，但必须同时抄报给被越过的直接上级机关。

（2）单一性。在一份请示中，只能就一项工作或一种情况、一个问题做出请示，不得在一份公文中就若干事项请求指示和批准。

（3）针对性。请示的行文有很强的针对性，针对的必须是机关没有对策、没有把握或没有能力解决的重要事件和问题。

（4）时效性。请示所涉及的情况和问题都有一定的迫切性，应该及时写作、及时发出，否则就有可能耽误解决的时机。相应地，上级机关在处理下级的请示时，也要注意到时效性问题，对请示及时做出批复。

3. 请示的分类

按照《党政机关公文处理工作条例》的规定，请示有两种在内容、性质、行文目的方面不尽相同的类型，一种是请求指示的请示，一种是请求批准的请示。

（1）请求指示的请示。请求指示的请示运用于以下三种情况。

①遇到新情况、新问题，在有关的方针、政策、规章以及上级的指示中，都找不到相应的处理依据，无章可循，因而没有对策，需要上级机关给予指示。

②对有关方针、政策和上级机关发布的规定、指示有疑问，需要上级机关给予解释和说明。

③与友邻机关或协作单位在较重要的问题上出现意见分歧，需要上级机关裁决。

（2）请求批准的请示。请求批准的请示可分为三种：一是请求批准有关规定、方案、规划；二是请求审批某些项目、指标；三是请求批准有关办法、措施。

（二）请示的结构

请示由标题、主送机关、正文、发文机关、成文日期组成。下面主要介绍标题、主送机关、正文的写法。

1. 标题

请示的标题可以由发文机关、事由和文种构成，也可以由事由和文种构成，如“关于丹霞山风景名胜区列为国家重点风景名胜区的请示”。写标题要注意，不能将“请示”写成“报告”或“请示报告”，缘由中也不要重复出现“申请”“请求”之类的词语。

2. 主送机关

请示的主送机关就是负责受理和答复请示的机关。一般情况下不允许越级请示。

3. 正文

请示的正文由开头、主体、结语三部分构成。

（1）开头。开头主要表述请示的缘由，是上级机关批复的主要依据。一般而言，这部分要写明所遇到的新情况、新问题，或自身没有能力解决的困难，要写得充分、恰当、具体。如果请示仅仅是为了履行规定的程序，开头可以写得简略一些。内容简略、篇段合一的请示，其开头也可以是表达行文目的和意义的一两句话，不独立成段。

（2）主体。主体是表明请示事项的部分，也是请示最核心、最重要的部分。请求指示的请示，主体要写明想在哪些具体问题、哪些方面得到指示。请求批准的请示，要把要求批准的事项分条列款一一写明。如果在请求批准的同时还需要人、财、物等方面的支持和帮助，更需要把编制、数量、途径等表达清楚、准确，以便上级及时批准。

（3）结语。请示的结语比较简单，在主体之后另起一段，按程式化语言写明期复请求即可。期复请求用语常见的有“当否，请批示”“妥否，请批复”“以上请示，请予审批”“以上请示如无不妥，请批转有关部门执行”等。

例文解析

【例文】

××县人民政府关于变更阳关高速公路在我县两处定向互通立交设计方案的请示

市政府：

晋侯高速公路阳关段是我省高速公路主骨架九横的重要组成部分，也是连接我省晋南与晋东南地区的一条重要经济动脉，更是加快我县煤炭外运、拉动县域经济发展的重要通道。按照工程设计，晋侯高速公路阳关段在我县境内中木亭（K37＋100附近）与尧都（K54＋500附近）设有两处定向互通立交，但为了充分发挥晋侯高速公路对沿线经济发展的辐射和带动作用，结合我县实际，我们建议将以上两处定向互通立交变更为完全互通立交。其理由如下：

一、从交通运输方面考虑：××县城位于省道坪曲线、陵沁线和沁东线的交汇处，是晋城、长治与临汾、运城的重要交通枢纽，沁水又是煤炭大县，全县总面积2676平方千米，含煤面积占到95%，开发和外运煤炭任务十分繁重。如设立定向互通立交，那么从中木亭进入高

评析

标题由发文机关、事由和文种构成。

请示的主送机关只能有一个。

第一段阐述请示写作主要内容：变更阳关高速公路在我县两处定向互通立交设计方案。

速公路的车辆只能向晋城方向行驶，不能直接向侯马方向行驶；从尧都进入高速公路的车辆，只能向侯马方向行驶，不能直接向晋城方向行驶。车辆通行和广大群众出行极不方便，而且还将进一步加剧我县紧张的过境交通和县城出入境的交通压力，直接影响全县的经济发展。

二、从高速公路网建设规划方面考虑：根据晋城市“四环五射二十个出口”的“十一五”公路网建设规划，高平至沁水的高速公路已被列为我市“十一五”期间交通建设重点工程项目之一，并将在××县城与晋侯高速公路相衔接，那么现在拟建的××境内两处定向互通均无法直接与该高速公路连接，这样必将造成重复投资、重复建设和资金浪费，也将影响我市乃至全省的高速公路网的建设。

从交通运输、高速公路网建设规划、招商引资和发展经济三方面阐释了变更阳关高速公路在我县两处定向互通立交设计方案的理由。

三、从招商引资和发展经济方面考虑：我们××县资源充沛，物产丰富，除煤炭、煤层气等资源外，旅游资源分布也十分广阔，目前已开发的已有九大景区，共130多个景点，并以县城为界形成了东、西两条旅游线，这些资源的开发需要方便的通道条件。南来北往的客商、旅游团队和运输车辆，不能方便地从晋侯高速进出××，将在一定程度影响我县的对外开放和招商引资工作，而我县丰富的资源优势也难以尽快转变为强劲的经济发展优势。

对基本情况的分析有理有据，切实可行，有利于请示被批准。

基于上述理由，我们认为晋侯高速公路在我县中木亭和尧都两处定向互通立交变更为完全互通立交，可更加完善路网布局，大大增加高速公路的经济效益，方便当地群众出行，对促进我县乃至全市经济和社会持续快速发展具有十分重要的意义，这也是我县21万人民盼望解决的一件大事，恳请市政府给予考虑，诚盼采纳。

特此请示，望批复！

写明期复性结语。

××县人民政府

××××年××月××日

（三）请示的写作要求

1. 理由充分

请示的目的是要上级领导解决工作中存在的问题和困难，因此，请示的理由一定要充分。否则，请示的事项可能会因缺乏依据和说服力而得不到批准。

2. 事项明确

请示事项切忌模棱两可、含混不清。提出请示事项时还应根据实际情况提出明确具体的意见和措施，以便上级机关批复时参考。

3. 内容单一

请示的内容要单一，一份请示只能请求一件事，这是拟写请示时必须遵循的原则。否则，只能使问题复杂化，进而影响工作效率。

知识链接

请示与报告的区别

请示和报告都是上行公文，常常被混淆使用，但实际上是有明显区别的。

（1）行文目的不同。请示是为解决某一问题而请求上级机关给予指示或审核批准；报告的目的是让上级机关了解、掌握情况，沟通上下联系。

（2）性质要求不同。请示属请求性公文，需要上级机关给予批复；报告属陈述性公文，除建议报告外，不需要上级回复。

（3）行文时限不同。请示一般须在事前行文；报告在事前、事后及事中行文皆可。

（4）内容含量不同。请示必须坚持“一文一事”，即遵守“一事一请示”的原则；报告则一事数事皆可。

（5）正文构成不同。请示的正文由开头、主体和结语三部分组成；报告的正文则由报告导语、报告主体和报告结语三部分构成。

因此，请示和报告必须严格区分开来，请示不能标作“请示报告”，否则，易使上级机关误认为报告，不利于问题的及时解决；报告不要夹带请示事项，因为报告一般是不给予回复的。

六、函

结构模板

项目		要点
标题		××（发文机关全称或规范简称）关于××的函
发文字号		由机关代字、年号、顺序号组成
主送机关		受文机关全称或规范简称
正文	事由	说明发函的根据、目的、原因
	事项	商洽、询问或做出答复、有关事项提请批准等
	结语	特此函商、特此函询、请即复函、特此函告、特此函复等
发文机关		发文机关全称（印鉴）
成文日期		××××年××月××日

（一）函概述

1. 函的概念

函是公文中唯一的平行文，适用于不相隶属机关之间商洽工作、询问和答复问题、请求批准和答复审批事项。

除作为平行文种出现之外，函有时也可用于有隶属关系的上下级机关之间。例如，上级机关向下级机关询问有关情况可以用函，但下级的答复最好用报告。上级机关向下级机关催办有关事宜，如要求下级机关呈报有关报表或材料时，也可以用函，下级同样要回以报告。

2. 函的特点

（1）平等性和沟通性。函主要用于不相隶属机关之间互相商洽工作、询问和答复问题，体现着双方平等沟通的关系，这是其他所有的上行文和下行文所不具备的特点。即使是向有关主管部门请求批准，在双方不是隶属关系的时候，也不能使用请示和批复，只能用函，并且姿态、措辞、口气也跟请示和批复大不相同，也要体现平等性和沟通性的特点。

（2）灵活性和广泛性。函对发文机关的资格要求很宽松，高层机关、基层单位，党政机关、社会团体、企事业单位均可发函。函的内容和格式也比较灵活，而且不限于平行行文，所以运用十分广泛。

（3）单一性和实用性。函的内容必须单纯，一份函只能写一件事项。函不需要在原则、意义上进行过多的阐述，不重务虚重务实。

3. 函的分类

（1）公函与便函。公函是正式的公文，像一般公文一样，有文件头、发文字号、标题、公章，总之，严格按照公文格式撰写制作。便函不属于正式公文，格式比较随意，没有文件头，没有发文字号，甚至可以没有标题。但正文之后，要有机关署名、日期和公章。本章介绍的主要是作为正式文件的公函。

（2）发函和复函。主动制发的函为发函，回复对方来函的函称为复函。一般情况下，对方发来的是函，回复的也应该是函，但有时可以灵活处理。譬如上级发函向下级询问有关情况，下级回复时用函虽然不为错，但更合适的文种是答复报告。再如，对下级机关的请示，上级机关的办公部门（一般与下级机关是平级的）在接到授权的情况下可以给予答复，但不能使用批复，只能用函。

（3）商洽函、问答函和请批函。按内容和目的，函可以分为多种类型，主要是商洽函、问答函、请批函。此外，还有通知事项的函、催办事宜的函、转送材料的函等。

（二）函的结构

函由标题、发文字号、主送机关、正文、发文机关、成文日期组成。下面主要介绍标题、发文字号、主送机关、正文的写法。

1. 标题

作为正式公文的函，其标题和一般公文的写法一样，由发文机关名称、主要内容（事由）、文种组成。较完全的写法如“国务院办公厅对国家工商行政管理局关于贯彻《食盐加碘消除碘缺乏危害管理条例》有关问题请示的复函”“国务院办公厅关于羊毛产销和质量等问题的函”等；也可以采用省略发文机关名称的写法，如“关于请求批准××市节约能源中心编制的函”。

2. 发文字号

公函要有正规的发文字号，写法与一般公文相同，由机关代字、年号、顺序号组成。大机关的函可以在发文字号中显示“函”字，如“国办函〔2012〕17号”。

3. 主送机关

函的行文对象在一般情况下是明确、单一的，所以多数函的主送机关只有一个。但有时内容涉及部门多，也有排列多个主送机关的情况，如《国务院办公厅关于同意成立广州2010年亚洲残疾人运动会组委会的复函》（国办函〔2009〕80号）的主送机关有三个：广东省人民政府、体育总局、中国残疾人联合会。

4. 正文

（1）事由。这是函的开头部分，主要用来说明发函的根据、目的、原因等。如果是复函，则先引用对方来函的标题、发文字号，然后再交代根据，说明缘由。这部分结束时，常用一些习用的套语转入下一部分，如“现将有关情况说明如下”“现就有关问题函复如下”等。

（2）事项。这是函的主体部分，有关某项工作展开商洽、有关某一事件提出询问或做出答复、有关事项提请批准等主要内容，都在这一部分予以表达。

（3）结语。这是结尾部分，向对方提出希望或请求，或希望对方给予支持和帮助，或希望对方给予合作，或请求对方提供情况，或请求对方给予批准等。最后，另起一行以“特此函商”“特此函询”“请即复函”“特此函告”“特此函复”等惯用结语收束。写作函时要注意用语的分寸，因是平行文，语言要平和礼貌，但要避免阿谀逢迎，还要注意针对性和时效性。

例文解析

【例文】

关于选派技术人员参加英语强化班进修的函

××大学：

我公司在员工的不断努力下，现已得到了不断的发展。随着公司的不断壮大，公司对员工的业务素质要求也相应提高，而现有员工的业务水平、对外交流等方面的能力已不能满足公司进一步发展的需求。故为提高公司员工的业务水平以及对外交流能力，先选派张××、李××、王××等17名技术人员参加英语强化班。员工进修费用由公司全额支付，望贵校同意并复函告知进修费用支付方式及开班的有关信息。

特此函达，请予复函。

××公司

××××年××月××日

评析

本文收文单位是××大学，所以使用平行文“函”。

直接阐述函写作的缘由及主要内容：选派张××、李××、王××等17名技术人员参加英语强化班。

结语。

（三）函的写作要求

1. 一函一事

要一函一事，切忌一函数事。

2. 体现平等

函要体现平等坦诚精神，文字恳切得体、简洁朴实，用语谦和有礼，切不可盛气凌人。

知识链接

“为荷”的运用

“为荷”一词是人们在公函、信函末尾常见的习惯用语，如“请予办理为荷”“请予协助是荷”等。这里的“为荷”“是荷”有它特定的含义。

“为荷”“是荷”都是文言词语，“荷”字在此作书信中的固定用语用。其意思是承受恩惠，表示客气，“为此感激你”。

第二节　商务活动应用文

当今社会是市场经济社会，商务活动则是各种社会活动的基础。伴随着经济改革的深入发展，商务文书写作已成为当前应用写作的一个热点。企业内部的大部分沟通也是以商务文书的形式进行。《福布斯》杂志的创始人——马尔克姆·福布斯曾经说过，一封好的商务信函可以让你得到一次面试的机会，帮助你摆脱困境，或者为你带来财富。也就是说，写好商务文书在一定程度上能够给大家带来很大的经济利益。

本节主要讲述市场调查报告、市场预测报告、可行性研究报告、经济合同和商业广告。

一、市场调查报告

结构模板

<table>
<tr><th colspan="2">项目</th><th>要点</th></tr>
<tr><td colspan="2">标题</td><td>可使用公文式标题，也可使用单标题或双标题</td></tr>
<tr><td rowspan="3">正文</td><td>引言</td><td>调查的目的、时间、地点、对象与范围、方法等与调查者自身相关的情况，也可概括市场调查报告的基本观点或结论</td></tr>
<tr><td>主体</td><td>调查情况介绍、分析预测和营销建议三方面</td></tr>
<tr><td>结尾</td><td>形成市场调查的基本结论或者提出对策措施</td></tr>
</table>

（一）市场调查报告概述

1. 市场调查报告的概念

市场调查就是以市场为对象的调查研究活动。具体地说，是运用科学的方法，有计划、有目的地收集、整理、分析市场环境和市场情况资料，从而了解市场现状和发展趋势的调研活动。

市场调查报告就是调查人员进行市场调查之后所获得的资料，经过整理和分析研究，得出合乎实际的结论后，按照规范的格式写成的书面报告。

市场调查报告有利于促进生产的发展，有利于促进市场的繁荣，有利于加快新产品的研制，有利于提高产品的市场占有率。

2. 市场调查报告的内容

（1）消费需求调查：包括已满足的需求量、潜在需求量以及本企业的销售占有率；消费者爱好的变化，新市场目标，不同消费层次对商品的需求结构，消费习惯和心理的变化；引起消费需求变化的价格、购买力等客观因素，城乡市场需求的变化等。

（2）商品生产情况的调查：包括产品的质量、产量、品种、规格、用途、功能、使用周期、竞争能力等。

（3）商品供应情况的调查：包括商品货源、储量和实际可供量以及需求总量比例等。

（4）商品销售情况的调查：包括销售状况、销售渠道、销售人员以及商品的储运情况和销售的广告情况。

（二）市场调查报告的结构

从严格意义上说，市场调查报告没有固定不变的格式。市场调查报告的结构主要由调查的目的、内容、结果以及主要用途来决定。但一般来说，各种市场调查报告在结构上都包括标题和正文两部分，正文又由引言、主体、结尾组成。

1. 标题

市场调查报告的标题即市场调查的题目必须准确揭示调查报告的主题思想，要简单明了、高度概括、题文相符。如“××市居民住宅消费需求调查报告”“关于化妆品市场调查报告”“××产品滞销的调查报告”等，这些标题都很简明，能吸引人。

2. 正文

（1）引言。引言又称导语，是市场调查报告正文的前置部分，要写得简明扼要、精练概括。引言一般应交代调查的目的、时间、地点、对象与范围、方法等与调查者自身相关的情况，也可概括市场调查报告的基本观点或结论，以使读者对全文内容、意义等获得初步了解，然后用一过渡句承上启下，引出主体部分。例如，一篇题为“关于全市2017年电暖器市场的调查”的市场调查报告，其引言部分（“××市北方调查策划事务所受××委托，于2018年3—4月，在国内部分省市进行了一次电暖器市场调查。现将调查研究情况汇报如下”）用简要文字交代出调查的主体身份，调查的时间、对象和范围等要素，并用一个过渡句开启下文，写得合乎规范。这部分文字务求精要，切忌啰唆芜杂；视具体情况，有时也可省略这一部分，以使行文更趋简洁。

（2）主体。这是市场调查报告的主要内容，是表现调查报告主题的重要部分。这一部分的写作直接决定调查报告的质量高低和作用大小。主体要客观、全面阐述市场调查所获得的材料、数据，用它们来说明有关问题，得出有关结论；对有些问题、现象要做深入分析、评论等。总之，主体要善于运用材料来表现调查的主题。

主体具体包括以下三方面内容。

①情况介绍：市场调查报告的情况介绍，即对调查所获得的基本情况进行介绍，是全文的基础和主要内容，要用叙述和说明相结合的手法，将调查对象的历史和现实情况包括市场占有情况，生产与消费的关系，产品、产量及价格情况等表述清楚。在具体写法上，既可按问题的性质将其归结为几类，采用设立小标题或者撮要显旨的形式；也可以时间为序，或者列示数字、图表或图像等加以说明。无论如何，都要力求做到准确和具体，富有条理性，以便为下文进行分析和提出建议提供充分的依据。

②分析预测：市场调查报告的分析预测，即在对调查所获基本情况进行分析的基础上对市场发展趋势做出预测。分析预测直接影响着有关部门和企业领导的决策行为，因而必须着力写好。这部分要采用议论的手法，对调查所获得的资料条分缕析，进行科学的研究和推断，并据以形成符合事物发展变化规律的结论性意见；用语要富于论断性和针对性，做到析理入微，言简意明，切忌脱离调查所获资料随意发挥。

③营销建议：这部分内容是市场调查报告写作目的和宗旨的体现，要在上文调查情况和分析预测的基础上，提出具体的建议和措施，供决策者参考。写作时要注意建议的针对性和可行性，切实解决问题。

（3）结尾。结尾主要是形成市场调查的基本结论，也就是对市场调查的结果做一个小结。有的调查报告还要提出对策措施，供有关决策者参考。

例文解析

【例文】

2011 年成都医药产业发展情况调查分析

摘要：据悉，到 2012 年，成都市生物医药产业经济总量将达 900 亿元，而该市医药制造业 2012 年将力争跻身全国同类城市前 4 位，并力争成为中西部地区最大的医药贸易基地。天府生命科技园投入使用，年内建成开放式实验室，就在 2010 年 12 月底，生物医药孵化社区天府生命科技园已投入使用，部分 CRO、生物医药研发企业已经进入园区。据了解，规模空前的天府生命科技园是成都市重点打造的中国重要的生物医药研发创新中心和产业孵化中心，由高投集团、置业公司在借鉴国内成熟生物医药园区的基础上，结合当地生物医药产业现状，倾力投入修建，并在全国范围内筛选职业经理人管理。此外，该市医药出口额将力争达到 4 亿美元以上，年均增长 30%；服务外包业收入超过 10 亿元，年均增长 50%，居全国同类城市前列。

日前，从成都市科技局传来消息，2010 年 1—9 月，成都市生物医药产业中，医药及医疗设备制造业实现工业总产值 158.46 亿元、增加值 54.6 亿元，同比增幅明显。

新年伊始，虽正值元旦、春节假期，但位于成都高新区冯家湾的西部最大生物医药产业园区天府生命科技园依然人流如织。随着该园区的交付使用，一大批国内外生物医药企业已经按捺不住来蓉的脚步，陆续入驻园区。据悉，到 2012 年，成都市生物医药产业经济总量将达 900 亿元，而该市医药制造业 2012 年将力争跻身全国同类城市前 4 位，并力争成为中西部地区最大的医药贸易基地。

天府生命科技园投入使用

年内建成开放式实验室

就在 2010 年 12 月底，生物医药孵化社区天府生命科技园已投入使用，部分 CRO、生物医药研发企业已经进入园区。据了解，规模空前的天府生命科技园是成都市重

评析

标题由“报告期＋地区＋行业＋发展情况调查分析”组成。

报告的摘要简要说明报告的基本内容。

引言部分对成都市医药及医疗设备制造业实现的工业总产值进行分析说明，引出下文。

点打造的中国重要的生物医药研发创新中心和产业孵化中心，由高投集团、置业公司在借鉴国内成熟生物医药园区的基础上，结合当地生物医药产业现状，倾力投入修建，并在全国范围内筛选职业经理人管理。

主体部分首先介绍成都市医药业的基地建设规模、投入等情况，说明其发展的基础和潜力。

该园区建筑面积22万平方米，核心区域囊括了7幢研发楼、1幢孵化楼以及配套服务楼等，以生物医药及相关产业的研发、孵化为主，为生物医药企业研发、产业增值服务提供“一站式”服务，建成后将成为西部国际医药和医疗机构与西部研发合作的重要基地和平台。据悉，立志于打造中国西部生命科技产业门户的天府生命科技园已完成初期建筑施工，年内，斥资逾千万元打造的新药研发、转化、测试平台，也将陆续归位。

…………

生物医药服务外包业

力争产值破十亿元

日前，成都市科技局相关负责人告诉媒体，按照该市工业集中发展区“一区一主业”定位要求，高新区将成为承载新引进医药企业和研发实体以及新建重大产业化项目的区域，温江区和彭州市辐射三圈层区（市）县，带动川产道地药材生产和加工基地建设，金牛区、新都区等将配套发展医药贸易。

此外，到明年，成都市将培育80家销售收入过亿元的企业、30个销售额过亿元的产品，建成国内重要的医药研发创新中心、产业孵化中心和医药贸易中心，将成为特色鲜明的国家生物产业基地，成都市生物医药产业将成为西部领先、全国一流、融入世界的新兴产业。

与此同时，成都市医药制造业产值将力争达到550亿元以上，年均增长28%，力争进入全国同类城市前4位；医药商贸业销售收入突破350亿元，年均增长20%，成为中西部地区最大的医药贸易基地。此外，该市医药出口额将力争达到4亿美元以上，年均增长30%；服务外包业收入超过10亿元，年均增长50%，居全国同类城市前列。

结尾部分预测未来一段时期成都市医药制造业的前景，用了一系列的数字说明，显得真实可信。

（三）市场调查报告的写作要求

1. 在调查的基础上掌握大量材料

要写好市场调查报告，必须对市场进行广泛、全面、系统的调查。只有在调查的基础上才能掌握大量材料，材料越多越好。材料包括现实材料、历史资料，直接材料、间接材料等。材料丰富，才能写出好的市场调查报告。

2. 要正确地把握文体的性质和表达方法

市场调查报告是一种兼有说明文、记叙文和议论文的一些特点而又不同于这三种文体的一种应用文。它要如实、客观地介绍市场调查所了解到的实际情况，而且选用的事实、数据等材料比较全面、系统、完整。它偏重于用事实和数据说明问题，因此要运用叙述和说明的表达方法。但它又必须有报告者的观点，而且通过对材料的分析研究，提出相应的建议和决策，因此又要运用议论的表达方法。总之，它常常结合使用叙述、说明和议论三种表达方式。

3. 注意语言风格

市场调查报告的语言要准确、简练、朴实。如果运用小标题，要保证各个小标题醒目、简洁、匀称。

二、市场预测报告

结构模板

项目	要点
标题	由预测范围、预测时间、预测对象、文种构成，也可采用新闻式写法
前言	说明预测报告的写作目的、主旨和有关情况，或概括介绍全文的主要内容
正文	一般包括现状、预测、建议三个部分
结尾	归纳预测结论，提出展望，鼓舞人心，照应前言或重申观点

（一）市场预测报告概述

1. 市场预测报告的概念

市场预测是一门掌握市场需求变化动态的科学，是经济信息的一个重要组成部分。以经济理论为指导，运用科学方法，对通过市场调查得来的材料进行分析研究、测算，估计市场未来的发展变化趋势，并用书面形式反映出来，就是市场预测报告。市场预测报告可以为经济决策提供科学依据，为企业制订和调整生产经营计划提供科学依据，促进商品的供需平衡，提高企业的经济效益和社会效益。

市场预测报告可以使企业和管理部门了解市场供应发展的趋势，更深入地掌握市场变化规律，从而根据市场需要调整产品结构，改善经营管理，提高经济效益。早在春秋时期，大政治家、大商人范蠡就成功地进行过市场预测。他根据市场物价随天时、气候变化而变化的规律，推测水灾之后，车辆将成为紧俏商品，价格必定大涨，因此应该预做车辆生意。可见市场预测并不是目前商品经济社会才有的事。

在商品经济社会中，市场预测的作用被大大强化了。“二战”后的日本汽车工业之所以迅速发展，是因为日本预测出世界会发生能源危机、道路拥挤等问题，因而将汽车向节能化、小型化方向改造发展，结果成功地占领了世界大部分汽车市场。

由此可见，在市场经济中能否高瞻远瞩、具有战略发展眼光，与能否成功地进行市场预测有密切关系。

2. 市场预测报告的分类

（1）宏观预测和微观预测。宏观预测是针对某一大类商品，就社会购买力与商品可供量的平衡情况所做的预测。如《2011 年汽车消费行为及预测报告》就是对整个中国汽车销售市场进行的预测。微观预测是针对某一种或某一个品牌的商品，就其社会总需求量所做的预测。如《二甲基亚砜市场预测报告》就是对某种化学工业原料的销售前景所做的预测。

（2）定量预测和定性预测。定量预测指主要采用统计分析法和经济计量法进行的预测。统计分析法主要根据已有的大量历史资料进行分析研究，统计出大量数据，从中发现产品的供求趋势。经济计量法主要根据各种因素的制约关系，用数学方法加以预测。定性预测是对影响需求量的各种因素，如产品质量、价格、消费对象、销售网点、用途等进行调查、分析、综合之后，对供求前景做出推测和判断。

（3）短期预测、中期预测和长期预测。一般把一年以内的预测称为短期预测，一年以上五年以内的预测称为中期预测，五年以上的预测称为长期预测。短期预测适用于产销变化大的商品，中期预测适用于耐用商品，长期预测适用于建设周期长、投资大的商品。

3. 市场预测报告的特点

市场预测报告主要有以下特点。

（1）预见性。预测必须立足于现实，着眼未来，要对未来市场变化发展的趋势做出预见性的判断。

（2）时效性。在市场发展的前一阶段尚未结束时，就要及时预测下一阶段的发展趋势，提出相应对策。

（3）科学性。科学性体现在使用的资料是经过调查得来的，结论是经过认真分析和论证得出的，预测方法是先进的、科学的。

现状、预测和建议是市场预测报告的三个基本要素。

预测的特点就是根据过去和现在预测未来。所以，写市场预测报告，首先要收集资料数据，为进行预测分析提供依据；然后利用资料数据进行科学的定性分析和定量分析，从而预测经济活动的趋势和规律，得出结论，为决策者提供有价值的、值得参考的建议。

（二）市场预测报告的结构

市场预测报告一般由标题、前言、正文、结尾等几个部分组成。

1. 标题

市场预测报告的标题一般采用格式化写法，由预测范围、预测时间、预测对象、文种四要素构成，其中范围、时间两项的顺序可以掉换。如“北京地区 2011—2015 年啤酒需求量的预测”，范围在前，时间在后；而“2012—2015 年国产照相机销售趋势预测”，就把时间因素放在了前面。

此外，标题也可以采用新闻式写法，直接显示事实或结论，如“儿童用品市场需求潜力大”。

2. 前言

前言一般用简短扼要的文字说明预测报告的写作目的、主旨和有关情况，或概括介绍全文的主要内容，或说明预测的时间、地点、方法，也可以将预测的结论提到这个部分来写。

3. 正文

市场预测报告的正文是市场预测报告的主体部分，一般包括现状、预测、建议三个部分。

（1）现状部分。预测的特点就是根据过去和现在预测未来。所以，写市场预测报告，首先要从收集到的材料中选择有代表性的资料、数据来说明经济活动的历史和现状，为进行预测分析提供依据。

（2）预测部分。预测是报告的核心内容。这一部分要利用资料数据进行科学的定性分析和定量分析，从而预测经济活动的趋势和规律，再经过判断推理，从中找出发展变化的规律，得出结论，为决策提供可靠的依据。要想对未来的情况做出准确无误的预测判断，就必须对调查得来的材料进行分析，看哪些材料是可靠的、有说服力的，哪些材料是片面的甚至是错误的、不能说明问题的。此外，还要对各方面的因素进行分析，要用科学的、多维的思维方式进行预测，否则，做出来的预测判断就难免出差错。

（3）建议部分。适应经济活动未来的发展变化，为领导决策提供有价值的、值得参考的建议，是写市场预测报告的目的。因此，这部分必须根据预测分析的结果，提出切合实际的具体建议。建议要切实可行，不能写得抽象笼统，要便于企业领导或决策部门将其作为决策的依据和参考。

4. 结尾

结尾是归纳预测结论，提出展望，鼓舞人心，也可以照应前言或重申观点。有的预测报告还附有图表、照片等相关资料。

例文解析

【例文】

2013 年中国车市走势预测

2012 年即将结束，中国汽车市场继续 2011 年的调整态势已成定局，销量整体增长平缓，预计将以 5% 左右收官。虽然中国车市进入低增长的第二个年头，但放眼全球

> **评析**
>
> 报告标题由时间和预测内容组成。

仍是增量最大的市场之一，尤其是其未来的增长潜力依然值得期待。随着2012年年关将至，2013年中国汽车市场走势成为业界关注的焦点，本期盖世汽车网业界调查就将围绕这一话题展开。（调查时间2012年12月3—9日，参与人数2108位）

首先就2013年车市的增长预期而言，主流观点显得较为谨慎，但不失乐观。调查1的结果显示，超过八成的参与者认为明年车市增幅相较于今年不会有太大的波动，将维持在0～10%，但认为增长将超过5%的人士更多。另外有10%的人士认为明年车市的增幅可能超过10%，7%认为可能出现负增长。

宏观经济的企稳回升以及鼓励内需的主旋律都将刺激汽车的消费需求，同时，中国消费环境的不断改善，竞争带来的新车增多以及汽车价格的下探，这对于明年的车市而言都是利好因素。但油价的上涨、交通拥堵以及停车位短缺也是不可忽视的阻碍因素。过去两年内数个城市推出的汽车限购政策，明年进一步蔓延的可能性并未减小。此外，今年酝酿出台的征收拥堵费与排污费政策亦有可能在明年出台。这些重要因素的相互作用将左右明年车市的走势。从此期投票结果来看，正面因素发挥的作用将更大一些。

…………

根据我们调查的结果，明年自主品牌的市场表现并不明朗。看好其明年将夺回市场份额的参与者仅占29%，而更多的人士选择不看好和中立态度。近年来，自主品牌的整体实力尽管有所提升，但与外资品牌仍有较大差距，尤其是在品牌与管理体系上。这一局面不可能在短时间内得到显著改善。

由于日系车销量下滑带来的收获并不可持续，而需要自主品牌应对的外部环境更多的是挑战。例如，合资自主发展带来的竞争，更高的节能与环保以及安全标准，以及更规范和严苛的保护消费者权益的消费环境，这些政策长期利好车市发展，但对于绝大多数自主品牌而言需要经历阵痛。

…………

除了自主品牌外，日系车也将是明年中国车市关注的一个焦点。日系车自今年9月开始销量连续暴跌。来自中汽协的销售数据统计，10月日系车共售9.89万辆，同比下滑59.41%，其占乘用车市场份额跌至7.61%，成为日系车销量有统计以来首次跌破10%的月份。不过，随着

本预测报告以问卷调查的方式对2013年中国汽车走势进行预测。

报告针对问卷内容进行分析，分别调查了2013年汽车的销售幅度、自主品牌汽车市场、日系车销售的复原程度和节能与新能源汽车的增幅四个方面的主要情况。

本报告调查节奏紧凑，分析合理，很好地预测了2013年中国汽车的销售情况，值得参考。

多数日系车企通过补偿受损车辆、提升服务标准等措施在一定程度上挽回了部分消费信心。进入 11 月份以来，日系车在华表现有所好转，跌幅明显收窄。从已经公布的日本车企销量数据来看，同比跌幅已从原来的接近 60% 跌至 30%。明年日系车是否可能恢复至危机前的水平？从调查 3 的结果来看，绝大多数业内人士并不看好。有多达 60% 的参与者认为日系车虽然已经表现出了复苏的迹象，但其很可能要低位运行一段相当长的时间，不能在明年恢复到危机前的水平。这其中不仅因为中日矛盾不太可能短期内得到显著改善，而且日系车的竞争力在危机爆发前在华就已显疲态。过去 5 年，日系车在华销量年均增长 15%，仅为其欧洲的竞争对手的一半。这被归结于在华战略保守、车型更新换代速度缓慢和决策机制与中国市场脱节等问题。

…………

12 月 3 日，财政部、科技部、工业和信息化部、发展改革委四部委决定组织开展节能与新能源汽车示范推广试点验收工作，将对在 25 个城市开展的节能与新能源汽车示范推广试点，以及在 6 个城市开展的私人购买新能源汽车补贴试点，采取实地核查与会议集中评议相结合的方式进行验收。同日，工业和信息化部对初步确定的“2012 年度新能源汽车产业技术创新工程拟支持项目名单”予以公示。从名单上看，本次 25 个项目包含纯电动汽车、插电式混合动力汽车、燃料电池汽车和动力电池项目，涉及江淮汽车、东风汽车、长安汽车、比亚迪、长城汽车和上汽集团等多个汽车上市公司。在年关将至之际，中央部委的一系列举措传递出了加强新能源汽车产业建设的明显信号，再结合今年出台的《节能与新能源汽车产业发展规划（2012—2020）》，政府在大力推动新能源汽车的发展上表现出稳定的决心。

不过，现实中新能源汽车仍是政策热市场冷的局面。今年前 9 个月，国内主要乘用车企业新能源汽车销量仅为 6982 辆，其中纯电动车 3009 辆，混合动力车 3973 辆。新能源技术的成熟性、符合市场规律的商业模式以及补贴效率的提升是当前新能源汽车破局面临的三大障碍。从调查 4 的结果来看，业界对明年这些问题能够得到解决并不乐观。

（三）市场预测报告的写作要求

写作市场预测报告，首先，必须深入调查市场行情，详细了解市场状况，广泛收集各种有关的信息资料，材料必须准确可靠。其次，客观地分析、科学地预测。做出的预测必须持之有故，言之成理，判断准确无误；提出的建议、措施必须切实可行。

市场预测报告与市场调查报告的异同

相同点：市场预测报告和市场调查报告都是依据市场实际情况所做出的报告，它们都与市场状况密切相关，都运用调查分析的方法。

不同点：一是着眼点不同。市场调查报告着眼于对市场的过去和现状的客观反映；市场预测报告则着眼于对市场的未来状况做分析、预测。二是要求不同。市场调查报告要求有关材料具有准确性和客观性；市场预测报告是在市场调查的基础上，对未来市场状况进行推断与预测，允许有关材料带有主观推测性和不确定性。

三、可行性研究报告

结构模板

项目	要点
标题	完整式：拟建项目单位名称、项目名称、文种 省略式：省略单位名称、项目名称，只写文种
前言	主要介绍报告的来龙去脉
正文	包括概论、供求预测、技术论证、经济分析和结论 5 个部分
落款	标明完成可行性研究报告的报告者、报告日期
附件	主要包括不能写在正文内的各种论证材料、试验数据、调查数据、计算图表、附图等

（一）可行性研究报告概述

1. 可行性研究报告的概念

可行性研究报告是指对经济决策或拟建工程等项目的有关条件进行全面分析和评价论证，以确定其是否合理、可行的一种书面报告。

可行性研究就是通过周密调查，对经济决策项目和拟建工程项目的合理性、必要性进行分析论证、综合评价，最后进行严格选择，提出最佳方案。可行性研究是项目建设的首要环节，从某种程度上说，也是决定投资成败的关键所在。所以，可行性研究报告成了金融应用写作中的新兴文体。如今，这一文体已经逐渐成熟，并被推广到其他社会领域，成为国家机关、企事业单位乃至群众团体广泛应用的一种文书。

2. 可行性研究报告的特点

（1）严格论证性。可行性研究报告是在一个项目实施之前对其进行的论证和把关，直接关系到项目的成败，因此必须严格论证。在论证的过程中不仅要从经济、技术、财务、市场等方面对工程项目进行全面、科学的分析论证，还要从法律、政策、环境以及社会影响等方面进行科学的评价。论证必须充分透彻、实事求是、合情合理。

（2）缜密的科学性。可行性研究报告不仅要对某一项目进行定性分析，还要对其进行定量分析。在论证的过程中，更需要运用大量的数字、资料、技术性指标、图表，通过介绍、分析、比较等方法增强其科学性。

（3）运用系统分析方法。对一个项目进行论证分析，必须将这一项目置于社会和自然生态系统中进行全面系统的分析，既要进行微观的分析，又要进行宏观的分析。有些项目从局部上看是有利的，但从全局着眼则并非如此。有些项目经济效益好而社会效益差，也有一些项目经济效益差而社会效益好，等等。所有这些都必须进行全面、系统的分析。要结合实际，对多种方案进行比较，从中选取出最佳方案。此外，可行性研究报告还具有超前性和有效性的特点。

3. 可行性研究报告的作用

可行性研究报告是科学决策的依据，有利于保证立项的可行性、先进性，确保达到预期效果。其作用主要体现在以下几个方面。

（1）投资决策的依据。任何一个投资项目成功与否，投资后的效益如何，都会受到社会、技术、经济等因素的影响。只有对项目投资从选址到资金、从设备到技术、从环保到利润等方面进行深入的可行性研究，才能实现项目投资决策的科学化。

（2）科学管理的依据。项目的开发建设往往耗资巨大，如果设计方案错误，必将造成人力、财力、物力的巨大浪费。因此，任何项目都要进行广泛深入的技术、经济分析和评价论证工作，这样才能为项目设计及编制设计计划任务书提供可靠的依据，有助于加强科学管理。

（3）提高效益的手段。可行性研究报告是用事实和数据说话的，每项内容都要经过深入的分析论证和反复的比较，使结论建立在科学分析的基础上，而决策的科学化正是可行性研究报告的价值所在。它不仅追求项目本身的收益，还关注社会效益。

（4）项目报批的程序。国家计划发展部门规定，工程项目的建设需要当地政府和规划部门批拨建设用地，并符合当地的市政规划、法规以及环保要求。也就是说，一个新的建设项目必须经过主管部门的审批同意才能立项、注册、开工。而立项报批时，必须提交项目协议书、可行性研究报告等文件。

4. 可行性研究报告的写作过程

可行性研究报告的写作过程一般包括三个阶段六个步骤。三个阶段：首先明确写作目标任务；其次展开调查研究；最后分析论证，提出方案，做出评估。六个步骤：一是明确可行性研究的目标；二是针对目标进行实地调查和技术、经济分析，并对每一项研究做出结论，整理详细报告材料；三是以各项结论为根据，从不同的角度编制多个供选择的方案，并从中选出较优的方案；四是对选出的方案进行更详细的研究，确定具体的范围，估算投资费用、经营费用和收益，并做出拟建项目的经济分析和评价；五是以总体目标为核心撰写可行性研究报告；六是编制筹措资金计划。

5. 可行性研究报告常用的分析研究方法

可行性研究报告常用的分析研究方法有两种：一是系统思维分析法，即把拟建项目作为一个系统，分析它涉及的各种复杂因素，研究其相互关系以及变化发展情况。必要时建立数学模型，进行计算分析。二是比较分析法。通常采用横比和纵比，对拟建项目的整体或局部甚至某个具体细节进行分析。一般要对多种可能的项目或方案进行比较分析，最后进行优选。

（二）可行性研究报告的结构

不同种类的可行性研究报告因研究对象、内容、方法的差异而各有特色，但结构要素基本相同，一般都包括标题、前言、正文、落款、附件5个部分。

1. 标题

可行性研究报告的标题应写得准确、简明，主要有以下两种。

（1）完整式。一般由拟建项目单位名称、项目名称、文种（3要素）组成，如“××省新型建筑材料厂关于引进水磨石生产线的可行性研究报告”。

（2）省略式。省略完整式中的拟建项目单位名称，如“建设××大型水泥厂的可行性研究报告”；省略完整式中的拟建项目单位名称、项目名称，只写文种，如“可行性研究报告”。

2. 前言

前言即可行性研究报告的开头部分，主要介绍该报告的来龙去脉。要求写明项目名称，项目主办单位名称及负责人，可行性研究单位名称，可行性研究的技术负责人、经济负责人及参加人等。前言部分包括在什么时间、什么地方、用什么方法、由谁负责进行什么项目的可行性研究等内容。前言的文字要求简洁明了，篇幅不宜过长。

3. 正文

正文是可行性研究报告的主体部分，是对所申报项目的必要性、可能性和技术、经济指标的具体分析论证，最终得出是否可行的结论。要求运用全面、系统的分析方法，以经济效益为核心，围绕影响项目的各种因素，运用大量的数据资料论证拟建项目是否可行。正文包括概论、供求预测、技术论证、经济分析和结论5个部分。

（1）概论。概论要提出可行性研究项目的依据、目的以及研究的结论。

（2）供求预测。供求预测主要写国内、国外市场的供求情况及发展趋势。在研究和写作供求预测时要运用科学的方法和确凿的数据，力求预测准确可信。

（3）技术论证。技术论证主要是运用资料、数据来论证能源、原材料的供应，厂址条件及交通状况，技术、设备与环保，生产组织及人员培训，并得出可行或不可行的结论。

（4）经济分析。经济分析主要包括投资估算、收益估算、投资回收估算。投资估算，即项目所需的全部资金的估算，分为固定资产投资、流动资金投资两部分；收益估算，即估算成本、售价、销量、利润等；投资回收估算，主要是对投资回报率的高低、回报年限的长短等的分析。在进行经济分析时，要翔实地估算出项目所需总资金，也要估算出项目实施的各个部分和不同时间中所需资金的具体比例；要正确估算固定资产和流动资金；要有针对性地分析项目的资金来源、筹措方式及贷款偿付方式。

（5）结论。结论是在供求预测、技术论证、经济分析的基础上对项目做出的综合评价。评价结论有三种情况：非可行性结论、可行性结论、弥补性结论。结论切忌模棱两可、含糊其词。

4. 落款

标明完成可行性报告的报告者、报告日期。如已在标题下注明，这里可以省略。

5. 附件

为了结论的需要，往往还需要加上一些附件，主要包括不能写在正文内的各种论证材料、试验数据、调查数据、计算图表、附图等，以增强可行性研究报告的说服力。

例文解析

【例文】

关于年产 100 万台全自动滚筒洗衣机的可行性研究报告

项目名称：年产 100 万台全自动洗衣机

项目主办单位：××洗衣机厂

项目负责人：×××（厂长、高级工程师）

项目技术负责人：×××（副厂长、工程师）

项目经济负责人：×××（主办会计）

参加人员：×××、×××……

一、总说明

（一）可行性研究的依据

1. ××省经委经济〔2012〕430 号《关于××洗衣机厂技改项目建议书的批复》。

2. ××省二轻厅计〔2012〕393 号《关于××洗衣机厂年产 20 万台全自动滚筒洗衣机要求立项的报告》。

（二）可行性研究报告总的概况、结论、问题和建议

评析

用“事由 + 文种”的公文式标题来说明问题，一目了然。

项目的基本情况。

总说明部分论述可行性研究的依据以及报告总的概况、结论、问题和建议。

1. 总的概况、结论。

（1）产品方案：根据技术进行的“市场吸引模式”，确定以日本三菱 CW660E 型号滚筒洗衣机为基础，开发适合我国国情的××PBS 型滚筒洗衣机。

（2）建设规模：单班年产 100 万台。

（3）厂址：××市××路××号。

（4）原材料、燃料：申请列入国家计划，不足部分由市场调剂解决。

（5）经济效益：新增年产值 3500 万元，利润 560 万元，税收 300 万元。该项目的经济效益较佳。

2. 问题和建议。

（1）资金：当前全国性银根紧缩，贷款指标有限，恳请上级和银行多加支持。

（2）大型注塑机：本项目需要一台制造洗衣机内筒的大型注塑机，其锁模力 1080 ~ 1350 吨，希望省里协助购置。

二、需求预测、价格分析、产品方案和拟建规模

第二部分论述项目的需求预测、价格分析、产品方案和拟建规模。

（一）需求预测

随着社会、经济文化的发展，城乡人民文化生活水平的提高，居民住房条件的改善以及电力网的延伸，洗衣机市场需求量仍呈上升趋势。“十二五”期间将是变频滚筒洗衣机的成长期、智能洗衣机的投入期、普通洗衣机的衰退期。这种需求与国外的经验是吻合的。

（二）价格分析

我们初定出厂价××××元/台，零售价××××元/台，既符合国家物价政策及市场销售策略，又具有一定的市场竞争力。

（三）产品方案

国内外市场需求的机型以搅拌式、滚筒式、波轮式三种为主。从结构和自动化程度方面看（略）。

（四）拟建规模

洗衣机工业是批量生产工业。根据国内外同行业的经验，国外为××万 ~ ××万台/年，国内××万 ~ ××万台/年为最佳生产规模。根据本省需求，拟建规模为年产 100万台滚筒洗衣机。

三、原材料、燃料及公用设施情况

第三部分论述项目的原材料、燃料及公用设施情况。

主要原材料（略）

水（略）

电（略）

与此同时，建立洗衣机生产联合体，以保证零配件的外协供应，降低成本，提高产品质量。

四、厂情与厂址

××洗衣机厂是轻工业部洗衣机定点厂，省、市重点企业，全民所有制，建于××年，××年特产洗衣机。

该厂位于（略）。

五、设计方案

（1）主要工艺流程（略）。

（2）设备工装（略）（包括配套生活设施）。

六、环境保护（略）

七、生产组织与人员培训计划

本项目采用类比法，拟定员××人。其中厂长室、生产、供应、销售、财务、人事、技术、质管、设备、工会等各类行政管理人员××人，检验××人，注塑车间××人，冲压车间××人，喷漆车间××人，装配车间××人，机修车间××人，动力车间×× 人，车队、后勤及其他××人。

技术人员专业配套，在生产准备的同时，对职工进行经营管理、技术培训及安全生产、全面质量管理教育。

新增工人按高中水平招考，择优录取，培训合格后上岗。

八、项目实施进度

本项目拟分为两期进行。第一期于可行性研究报告批准后一年完成，用款××万元，达到单班年产××万台滚筒洗衣机生产能力；第二期工程，按项目建议书完成全部投资××万元，达到单班年产××万台滚筒洗衣机生产能力。

第一期项目实施进度表（略）。

九、投资估算和资金筹措

总投产××万元，其中外汇××万美元。第一期投资××万元，第二期投资××万元。

资金来源：地方自筹××万元（留成外汇××万美元），工商银行贷款××万元。

还贷计划：项目建成投产后，税前还贷，××年还清。

投资概算表（略）。

十、经济分析

（一）以第一期估算

第四部分论述厂情与厂址。

第五部分是设计方案的论述。

第六部分为环境保护的内容。

第七部分是生产组织与人员培训计划。

第八部分为项目的实施进度。

第九部分为投资估算和资金筹措情况的论述。

第十部分为经济分析。

1. 生产能力（略）。

2. 成本预算（略）。

3. 利润率 $=300\times[l-(A+B+C+D+E+F)-G/300]=\cdots\cdots$

利润 $=300\times$ 利润率……

式中：

A——上缴管理费 1%；

B——销售广告费 1%；

C——新技术开发基金 1%；

D——运杂费 1%；

E——奖金 1%；

F——税金 5%；

G——材料费 + 工资 + 企管费 + 折旧费 + 利息 = ××万元。

4. 投资收益率（静态）（略）

计算表明，本项目年产销××万台时，企业不盈不亏，并有××万元用以偿还贷款利息，年折旧××万元及税金××万元用以还贷。

…………

（二）经济评价

本项目总投资××万元，分两期实施。

第一期用款××万元，达到年产××万台滚筒洗衣机，新增产值××万元，税金××万元，利润××万元。

第二期用款××万元，项目建成投产后，可达年产××万台滚筒洗衣机生产能力，年新增产值××万元，税金××万元，利润××万元。

综上所述，本项目投资少、见效快，能在较短的时间内收回投资，并对促进我省的家用电器工业的发展起积极的作用。其经济效益与社会效益较好，项目是可行的。

附件：（略）

××××年××月××日

> 全文依次说明本项目的需求预测、价格分析、产品方案、拟建规模、原材料、厂情厂址、设计方案等方面，运用大量的数据和资料进行了较准确的经济分析和评价。
>
> 全文采用条文式，思路清晰，层次清楚，数字准确，分析透彻，结论中肯，建议可行，表述严谨。

（三）可行性研究报告的写作要求

1. 设计方案

可行性研究报告的主要任务是对预先设计的方案进行论证，所以必须设计研究方案，才能明确研究对象。

2. 内容真实

可行性研究报告涉及的内容以及反映情况的数据必须绝对真实可靠，不许有任

何偏差及失误。可行性研究报告中所运用的资料、数据都要经过反复核实，以确保内容的真实性。

3. 预测准确

可行性研究是投资决策前的活动。它是在事件没有发生之前的研究，是对事物未来发展的情况、可能遇到的问题和结果的估计，具有预测性。因此，写作前必须进行深入的调查研究，充分地占有资料，运用切合实际的预测方法，科学地预测未来。

4. 论证严密

论证性是可行性研究报告的一个显著特点。要使可行性研究报告具有论证性，必须运用系统的分析方法，围绕影响项目的各种因素进行全面、系统的分析，既要做宏观分析，又要做微观分析。

四、商业广告

结构模板

项目		要点
标题		直接标题：直接表明广告内容 间接标题：不直接出现所要推销的商品的内容 复合标题：将直接标题与间接标题复合起来
正文	前言	挑明商品的主要特征
	主体	阐明商品的具体特色
	结尾	用简洁的一段文字，引导读者看完这则广告后采取消费行动
随文		写明厂名、厂址、电话等信息
广告语		以富有感染力、简练明确、鼓动性强的语句，强调广告主题或企业经营宗旨，使消费者建立一种观念，加深对企业或商品的印象

（一）商业广告概述

1. 商业广告的概念

商业广告是指商品经营者或者服务提供者承担费用，通过一定媒介和形式直接或者间接地介绍自己所推销的商品、劳务和观念的信息传播活动。

这一界定告诉我们：商业广告传播的是有关商品和服务信息；商业广告有明确的广告主，即商品的经营者、服务提供者等发布广告的企业或个人；商业广告是有偿服务，广告主要向广告经营者偿付广告设计、制作、代理服务等费用；商业广告要通过一定的媒体如报纸、杂志、广播、电视等传播信息。

2. 商业广告的分类

商业广告从不同的角度分为不同的类型。

（1）从内容看，商业广告可分为企业广告、商品广告、文化广告、社会广告等。

①企业广告又可分为工厂公司广告、金融保险广告、商店广告、酒楼宾馆广告、航空旅游广告等。

②商品广告包括更多，有饮料食品广告、烟酒广告、药品营养液广告、化妆品广告、家用电器广告、服饰鞋帽广告、生活用品广告、钟表眼镜相机广告、办公学习用品广告、交通机械广告、房地产广告等。

③文化广告包括书刊广告、影视音像广告、娱乐活动广告等。

④社会广告包括公益广告、征婚广告、招聘招生广告等。

（2）从制作广告的材料和媒质看，广告可分为期刊广告、影视广告、广播广告等。

（3）从广告的体式看，商业广告可分为陈述体广告、说明体广告、议论体广告、文艺体广告、问答体广告、对话体广告、书信体广告、诗词体广告、相声小品体广告、故事体广告、新闻体广告、布告体广告等。

（4）从广告的战术出发，商业广告可分为攻心术广告、迎心术广告、征奖术广告、恭维术广告、示诚术广告、算账术广告、以退为进术广告等。

（5）从语言修辞的角度看，商业广告可分为成语体广告、俗语体广告、类比体广告、比兴体广告、比拟体广告、双关体广告、设问和反问体广告等。

（二）商业广告的结构

不同媒介的商业广告有不同的构成因素，但都包括标题、正文、随文、广告语四部分。

1. 标题

广告标题往往放在广告之首，是广告中最重要的组成部分。它好比一个人的眼睛，“描龙画凤，全在点睛”。广告标题既能起到提示广告主题的作用，又能引起消费者的兴趣，还可以起到活泼和美化版面的作用。

广告标题按其诉求策略的不同，可分为如下三大类型。

（1）直接标题。直接标题是以简明的语言直接表明广告内容，使消费者一看便知要推销什么，会给消费者带来什么利益。如，“中意冰箱，人人中意”——中意电器集团公司广告标题；“家中有万宝，生活更美好”——万宝冰箱广告标题；“星河音响，再创音乐新生命”——星河音响广告标题。

上述广告标题都是直接传播广告信息的，将商品的主要情况、商品的效用直截了当地告诉消费者。直接标题虽然简单明了，但它往往不能引起消费者的足够注意。

（2）间接标题。这种标题中不直接出现所要推销的商品的内容，往往连商品的名称都不告诉消费者，而是利用艺术手法暗示或引导消费者，引起消费者的兴趣与好奇心理，从而进一步注意广告正文。例如，“把闪烁的星星揉碎，融入绚烂的晚霞之中”。该标题充满诗情画意，营造了一种梦幻般的意境，但只看标题，会让消费者觉得费解，于是就想从正文中去寻找答案。读了正文后，消费者方才领悟到这是一则化妆品广告，而广告标题产生的浪漫氛围已氤氲于消费者心中。

（3）复合标题。这种标题是将直接标题与间接标题复合起来。一则复合标题常由一个或两个标题组成，除了一个主标题外，还有一个副标题。主标题往往以艺术的手法表明一个引人入胜的思想，副标题则说明商品的名称、型号、性能等，目的在于进一步补充和扩展主标题的含义。

2. 正文

广告正文是指广告文案中处于主体地位的语言文字部分。其主要功能是，展开解释或说明广告标题，对广告标题中引出的广告信息进行较详细的介绍，对目标消费者展开细部诉求。广告正文可以使消费者了解到各种希望了解的信息，使消费者在对广告正文的阅读中建立起对商品的了解、兴趣和信任，并产生购买欲望，促进购买行为的产生。

广告正文在不同媒介的广告中有不同的表现形式。在印刷广告中，正文以文字叙述来体现，一般称为广告稿；在广播广告中，正文以口头语言来报道，叫脚本；在电视广告中，正文以语言（包括文字与口头语言）结合活动画面来叙述，叫故事板；在食物广告中，正文以文字结合商品实体来说明，如橱窗广告、商品展销。至于其他广告，如交通广告、路牌、灯箱广告等的正文与印刷广告基本相同。

写作商品广告的正文，可采用各种文体，如陈述体、议论体、相声体、文艺体、书信体、说明体等。究竟使用何种文体，要根据商品的具体内容和广告制作者的爱好与兴趣及广告主的经济承受力而定。一般来说，陈述体和说明体篇幅较短，费用较少；议论体、相声体、文艺体、书信体篇幅较长，费用较高。不管采取何种文体进行写作，其正文一般由前言、主体、结尾三部分组成。

（1）前言，又称开头。前言要挑明产品的主要特征，如《容声冰箱令您生活更美好》这则广告是这样开头的：“恭贺新春，或许我们是最小声的那个！”这个开头就很好。接下去，主体就好写了。

（2）主体。主体要阐明商品的具体特色，如效用、功能、制作工艺、规格等方面的优点。如果是展销会、订货会、交易会，则要提供商品品种服务的主要项目等。总之，主体的写作要依据具体商品而定，广告的主旨是通过主体表现出来的。

（3）结尾。结尾要用很简洁的一段文字，引导消费者看完广告后采取消费行动。如《当心！那家伙会抢走我们的饭碗——富利卡创新登场》这则广告的结尾是这样写的：“全新上市的东南富利卡，融轿车、越野车、面包车之优点于一身，无论何种场合，总能游刃有余，为您营造如同‘三车兼备’的无限惬意。”有的广告，主体写完后就结束了，不必另加结尾。

3. 随文

落款的内容包括厂名、厂址、电话、电传、标价、日期、经销商地点、联系人等，该写明哪些内容，要根据具体商品及推销的具体情况而定。

4. 广告语

广告语以富有感染力、简练明确、鼓动性强的语句，强调广告主题或企业经营宗旨，使消费者建立一种观念，加深对企业或商品的印象。

广告语是广告文案创作中最富创意的部分。

“农夫山泉有点甜”

雀巢咖啡的“味道好极了”

乐百氏奶的“今天你喝了没有”

“万家乐，乐万家”

人头马 XO 的“人头马一开，好事自然来”

“好空调，格力造”

澳柯玛冰柜的“没有最好，只有更好”

雕牌洗衣粉的“妈妈，我能帮您干活了”

例文解析

【例文】

大卫·奥格威为劳斯莱斯汽车所写的广告文案

标题：

“这部新型的劳斯莱斯汽车在以每小时 60 英里的速度行驶时，最大声响来自它的电子钟。”

副标题：

是什么原因使得劳斯莱斯成为世界上最好的车子？一位知名的劳斯莱斯工程师回答道：“根本没什么真正的戏法——这只不过是耐心地注意到细节而已。”

正文：

1. 行车技术主编报告：“在以每小时 60 英里的速度行驶时，最大声响来自它的电子钟。”引擎是出奇的寂静。三个消音装置把声音的频率在听觉上拔掉。

2. 每个劳斯莱斯的引擎在安装前都先以最大气门开足 7 小时，而每辆车子都在各种不同的路面上试车数百英里。

3. 劳斯莱斯是为车主自己驾驶而设计的，它比国内制造的最大型车小 18 英寸。

4. 本车有机动方向盘、机车刹车及自动排挡，极易驾驶与停车，无须雇用司机。

评析

标题：直接传播广告信息，将产品的主要情况、效用直截了当地告诉消费者。

副标题：表明产品性能优良的原因。

正文：全方位介绍产品的优点。

5. 除驾驶速度计以外，在车身与车盘之间没有金属衔接，整个车身都是封闭绝缘的。

6. 完成的车子最后要在测验室里经过一个星期的精密调试，分别要接受98种严酷的考验。例如，工程师们用听诊器来细听轮轴所发出的微弱声音。

7. 劳斯莱斯保用三年。从东岸到西岸都有经销网及零件站，在服务上不再会有任何麻烦。

8. 著名的劳斯莱斯引擎冷却器，除了亨利·莱斯在1933年死时，把红色姓名的首写字母RR改成黑色以外，再也没有变动过。

9. 汽车车身的设计制造，在全部14层油漆完成之前，先涂5层底漆，每次都用人工磨光。

10. 使用在方向盘柱上的开关，就能够调节减震器以适应路面的情况。(驾驶不觉疲劳，是该车的显著特点)

11. 另有后窗除霜开关，它控制着1360条隐布在玻璃中的热线网。备有两套通风系统，即使你坐在车内关闭所有的门窗，也可调节空气以求舒适。

12. 座位的垫面是用8头英国牛皮制成的，这些牛皮足可制作128双软皮鞋。

13. 镶贴胡桃木的野餐桌可从仪器板下拉出。另外两个可从前座的后面旋转出来。

14. 你还可以有以下随意的选择：煮咖啡的机械、电话自动记录器、床、冷热水盥洗器、电动刮胡刀。

15. 你只要压一下驾驶座下的橡板，就能使整个车盘加上润滑油。在仪器板上的计量器可指示出曲轴箱中机油的存量。

16. 汽油消耗量极低，因而不需要买特价油，这是一部令人十分愉悦的经济车。

17. 具有两种不同传统的机动刹车：水力制动器与机械制动器。劳斯莱斯是非常安全的汽车，也是十分灵活的车子。它可在时速85英里时安静地行驶，最高时速可超过100英里。

18. 劳斯莱斯的工程师们定期访问汽车的车主，替他们检修车子，并在服务时提出忠告。

19. 班特利也是劳斯莱斯公司所制造。除了引擎冷却器之外，两车完全一样，是同一个工厂中的同一群工程师所设计制造的。班特利的引擎冷却器较为简单，所以要便

这则广告是“广告教皇”大卫·奥格威的得意之作，也是广为人知的广告经典之作。它体现了奥格威一贯的广告原则——每一则广告都有利于促进销售，并对品牌持续发展有所贡献，同时也很好地体现了大卫·奥格威的广告创作风格——朴实无华，用事实打动人心。文案全方位阐述了劳斯莱斯的与众不同之处。

宜300美元。对于驾驶劳斯莱斯感觉信心不太足的人士，可以考虑买一辆班特利。

价格：如广告画面所示的车子，若在主要港口交货，售价是13550美元。

倘若你想得到驾驶劳斯莱斯的愉快经验，请与我们的经销商联系。他的名字写在本页的底端。

劳斯莱斯公司 纽约 洛克菲勒广场10号

随文：

喷气式引擎与未来

● 一些航空公司已为他们的波音707及道格拉斯DC8选用了劳斯莱斯的涡轮喷气式引擎。劳斯莱斯的喷气式螺旋桨引擎则用于韦克子爵机、爱童F-27式机以及墨西哥湾·圭亚那式机上。

● 世界各地航空公司的涡轮喷气式引擎，大半都是向劳斯莱斯订货或由劳斯莱斯公司供应的。

● 劳斯莱斯现有员工42000人，而该公司的工程经验并不仅限于涡轮喷气式引擎及喷气式螺旋桨引擎。另有柴油发动引擎及汽油发动引擎，可用于许多其他领域。

● 该公司的庞大的研究发展资源正在从事许多未来性、计划性的工作。其中包括核能利用、火箭发射等。

随文：阐述产品的生产强大背景，表明产品的实力。

（三）商业广告的写作要求

1. 有明确的经济目的

广告词的写作有别于普通文学作品的写作，其宣传的主要接收对象是消费者，其目的也不只是让消费者来鉴赏广告艺术，而是通过广告宣传，引起消费者对商品或者服务的兴趣，产生相应的经济效益。

一则好的广告能诱导消费者的兴趣和感情，引起消费者购买该商品的欲望，直至促进消费者的购买行动。曾有这样一个事例：某国烟草公司派了一名推销员去海湾旅游区推销该公司的“皇冠”牌香烟，但该地区香烟市场已被其他公司所占领。该推销员苦思无计，在偶然间受到“禁止吸烟”牌子的启发，他就别出心裁地制作了多幅大型广告牌，广告牌上写上“禁止吸烟”的大字，并在其下方加上“‘皇冠牌’也不例外”这行字，结果引起了消费者极大的兴趣，竞相购买“皇冠牌”香烟，为公司打开了销路。

2. 内容要真实健康

真，是讲真话，不讲假话。实，是实实在在，不图虚名。市面上一些广告多是

大吹大擂，过分放大自己所宣传商品的优点，无法赢得大众的信任。因此，有创意的实话实说的广告反而容易出奇制胜。美国某酒店有一则广告妙语："本店素来出售掺水 10% 的陈香美酒，如果不愿掺水者，请预先说明，但饮后醉倒与本店无关。"这则广告语实话实说地告诉消费者酒里掺了水，这样容易产生真实感、贴近感。广告语没有用那些"饭香酒美，质优价廉""宾至如归，服务第一"等冷冰冰的公式化语言，而代之以或亲切，或朴实，或幽默，或创意的妙语，但其效用却远比那些公式化语言更能为消费者所认同、接受。

3. 主题要鲜明突出

广告的主题思想 = 广告决策 + 信息个性 + 消费心理。

任何一则成功的广告应该是以上三要素的统一，缺少任何一个要素，都会减弱广告的有效性。

一个消费者需要的商品能否真正引起其购买行为的出现，首先就要看其广告定位是否准确，否则，即使是消费者需要的商品，由于广告定位不准，也会失去促销的作用，使许多真正的目标对象错过购买商品的机会。例如，宝洁号称"没有打不响的品牌"，这源于宝洁成功的市场细分理念。以洗发水为例，宝洁有飘柔、潘婷、海飞丝三大品牌，每种品牌各具特色，占领各自的市场。海飞丝的优点在于去头屑，"头屑去无踪，秀发更出众"；飘柔突出"飘逸柔顺"；潘婷则强调"营养头发，更健康更亮泽"。三种品牌市场个性鲜明，消费群体需求划分明确，消费者可根据自己的需要对号入座。这种细分避开了自己同类商品的竞争，强有力地占领了市场。

4. 创意要新颖独特

某出版商手头压了一批书卖不出去，情急之下便给总统送去一本，并三番五次要总统提点意见。总统无暇应付出版商的纠缠，便回了一句"这书不错"。于是，出版商便巧借总统名望，将"现有总统喜爱的书出售"作为广告语。当然，这些书很快便被一抢而空。第二次，出版商又将一本书送给总统，总统上过一次当，这回便贬斥"这书糟透了"。自然，出版商的广告妙语又改为了"现有总统讨厌的书出售"。出于好奇和逆反心理，人们自然又是争相抢购。第三次，总统干脆闭口无言，而出版商的广告妙语也改成了"现有总统难以下结论的书，欲购从速"。果然，欲购者竞相购买，出版商大赚一笔。

5. 语言要简明丰富

构思商业广告文案时，从标题到正文都要高度集中，用最简明精练的词句，一语中的，把该商品最本质的特征揭示出来，如"恭贺新春，或许我们是最小声的那个！容声冰箱，实现跨世纪静音突破，低至 32 分贝的超静音设计，不声不响，实力尽显"。

广告中可以运用各种修辞手法，妙用成语和谚语、诗歌等。

第三节　宣传工作应用文

宣传工作应用文是指起宣传、报道、鼓动、介绍作用的应用文体。其写作，或是为贯彻党的方针、政策；或是为完成某项工作任务；或是为报道某些新情况、新经验，展示社会发展方向；或是为宣传某些观点、思想，普及某些知识。宣传工作应用文包括新闻、通讯、演讲词、广播稿、讲话稿、启事、海报等。宣传工作应用文具有较强的时效性，因为它所报道的新情况、新经验稍纵即逝，必须快速、及时地宣传报道。同时，它又具有内容的针对性，因为它具有明确的甚至是特定的对象，如演讲词、广播稿、解说词都是针对某些对象而言的，不是泛泛而谈。本节将着重讲述通讯、简报、演讲词和讲话稿四种宣传工作应用文。

一、通讯

结构模板

项目	要点
标题	有单标题式和双标题式
开头	可采用直入式、描写式、引用式、介绍式或评议式开头
主体	多采用纵式结构、横式结构、纵横结合式结构
结尾	可采用评议式、引用式、展望式或补充式结尾

（一）通讯概述

1. 通讯的概念

通讯是指对国内外近期出现的具有新闻意义的典型人物、典型事件和典型情况的具体、深入而形象的报道。

在新闻媒介中，通讯是作为消息的延伸体而存在并发挥作用的。如果把消息比作电报，那么，通讯就好比书信。通讯和消息一样，都必须遵循材料真实、新颖，报道及时的新闻原则。由于消息受时效和形式的限制，大都叙事简明扼要，不展开事件的情节描述和刻画人物形象，因此不能满足人们更具体、更详细、更形象地了解近期发生的国内外大事的来龙去脉以及更富有情节性的人物言行的要求，这一任务正好可以由通讯来完成。从这个意义上讲，通讯就是对消息的丰富化、深入化和生动化报道。

在国外，与通讯相近的文体被称为“新闻专稿”。在我国电信事业诞生之初，记者、通讯员向报社传递外埠新闻、消息用电报发送，详情则另外著文，一般采用书信的方式，往往冠以“某地通信”或“某国通信”之名发表。随着电信事业的飞速发展，这类文体和消息一样，可通过电信播发，并不限于邮政投递。到20世纪20年代，“通信”正名为“通讯”，沿用至今。现在，同消息、新闻述评、报告文学一样，通讯已成为新闻中最常见和最重要的报道体裁之一，因其具有强烈的感染力和突出的教育作用，为广大读者喜闻乐见，被人们称为“报纸的明珠”。实践证明，一篇优秀的通讯一经发表，便会在读者中引起广泛的、热烈的反响，并在实际工作和群众生活中产生积极而深远的影响。如中华人民共和国成立以来发表的《谁是最可爱的人》《为了六十一个阶级弟兄》《县委书记的好榜样—— 焦裕禄》《为了周总理的嘱托》《中国当代保尔——张海迪》《为中华崛起而献身的光辉榜样——记中年光学专家蒋筑英》《金杯之光——中国女排夺魁曲折道路》等优秀通讯，已被作为时代的镜子、时代的号角载入中国新闻史。即使在时隔几十年后的今天，其人其事虽已时过境迁，但它们所体现的思想与精神仍闪烁着感人的光芒，可作为人民群众开展物质文明与精神文明建设的生动教材。随着改革开放的不断深入和新闻事业的蓬勃发展，通讯必将焕发出新的生机，并发挥其不可替代的作用和影响。

2. 通讯的分类

通讯按报道内容和写法可分为下列几种。

（1）人物通讯。人物通讯即以报道具有新闻意义的典型人物为内容的通讯。人物通讯把人物的言行、事迹和思想作为自己报道的中心，是通讯中最常见、最重要的一种类型。

人物通讯写人，有以写某个人为内容的，也有以写某个集体为内容的；可以写全人全貌，为人物立传，也可以写人物在某时期或某方面的表现，通过对人物某些片段或某个侧面的描绘，揭示人物的思想品质。一般而言，人物通讯多写正面人物，主要是激励人心，为读者树立学习的楷模；也可以写具有典型意义的反面人物，以警诫人心，为读者提供活生生的警示录。如《颠倒的“公仆”——原汕头市副市长马红妹贪污受贿案纪实》就可作为反腐倡廉、警示干部的活教材。

（2）事件通讯。事件通讯即以报道现实生活中发生的有新闻意义的典型事件为内容的通讯。它以事件为中心，对事件进行全程报道，并发掘其内在的思想意义，体现时代的精神风貌。

事件通讯主要报道现实生活中具有深远的社会意义和思想意义的事情。如《为了六十一个阶级弟兄》写首都北京和山西平陆县各方面的群众齐心协力抢救因食物中毒的61个民工生命的感人事迹，歌颂一方有难、八方支援的伟大风格，反映了时代的新风尚。事件通讯也可以揭露形形色色的不正之风和消极落后的社会现象。

（3）工作通讯。工作通讯即以报道具有新闻价值的工作成绩和先进经验为内容的通讯，具有指导性、启发性和理论色彩。工作通讯在报纸上常以“记者来信”“采访札记”“工作研究”等形式出现。

工作通讯主要用于介绍和推广先进工作经验，概括出规律性的东西，以点带面，借以指导和推动面上的工作。有时也用于批评一些实际工作中存在的带有普遍性的问题，或研究、探讨一些实际工作中出现的新课题。如《“凤凰”“永久”为何难以大增产》，以生产“凤凰”牌车的上海自行车厂为例，揭示了当时自行车生产调整中遇到的阻力和矛盾，批评了有些同志对待调整的消极态度，进而向有关领导提出改革的良好建议。

工作通讯的关键就是要突出一个“新”字：推广新经验，提出新问题，发现新情况，介绍新点子，给人新启发。它不同于经验工作总结，必经采集和使用典型的新鲜生动的第一手材料，用事实说话，要写得具体生动、文理并茂、饶有兴趣。

（4）概貌通讯。概貌通讯又叫“风貌通讯”“旅游通讯”，即以反映某一行业、某一地域、某一单位的新气象、新面貌为内容的通讯。概貌通讯运用摄像式的扫描，将一幅幅风俗画、风貌画、风土画展现出来，往往通过一个“点”上的面貌变化，展现时代前进的步伐和思想风貌的变化，有助于读者开阔视野、增长见识、提高素养。概貌通讯可以写社会风貌，也可以写自然风貌，也可兼写二者，融物、景、人、事于一体，富于思想性、知识性和趣味性的特点。报纸上常以“巡视”“见闻”“侧记”“散记”“纪行”等形式出现。

概貌通讯关键要突出一个“变”字，“概”是基本要求，“变”才是主要特点，因此，在写作时要采用点面结合、今昔对比的手法来凸显“变”，突出特点，显示成绩。

此外，通讯还有主题通讯、小通讯等类别。

（二）通讯的结构

1. 标题

通讯的标题一般与记叙文的标题比较接近，多数为单标题；有的有副标题，用来交代报道的对象和新闻的来源。通讯的标题既可直接揭示新闻事实，也可曲笔达意。如“百姓心中的丰碑——追记公安局长的楷模任长霞”，该标题就直接叙述新闻人物，正标题虚写，点明任长霞在人们心目中的地位和影响；副标题直接体现报道的具体对象。再如“急诊，你为什么急不起来?”，通过运用拟人和反问的手法，针对医院急诊室缺医少药、形同虚设的事实予以质疑，引起人们的关注和思考。这些标题形式都是不拘一格、机动灵活的体现。应该说，通讯的标题只要能够很好地表情达意，能够为通讯的主题服务，就应该允许大胆创新。

2. 开头

通讯的开头多姿多彩、不拘一格，最为常见的开头形式有以下几种。

（1）直入式。直入式开头是指开门见山地直接叙述人物、事件，以情节的尽快切入来吸引受众。例如《目击杨利伟飞天归来》的开头：“今天清晨 6 时 23 分，中国首飞航天员杨利伟乘坐‘神舟’五号载人飞船从太空归来，平稳着陆于内蒙古中部草原。”短短的一句话交代了新闻事件发生的时间、地点、人物、事件，直接、概括地切入新闻报道的正题。

（2）描写式。描写式开头从新闻现场的环境氛围或人物的形象、行为入手，在交代相关人物事件的环境中展开对主体内容的详尽描述，在对人物形象或行为的刻画中为人物树立一个清晰的形象，给受众一个深刻的印象。如 2005 年 10 月 23 日

《人民日报》的通讯《荷兰迎来“中国热”》的开头：“舞台上，舞蹈《秦王点兵》正在表演，音乐尚未停止，剧场内已是掌声一片。当4位舞者做完动作最终谢幕时，坐在记者旁边的一位荷兰观众一跃而起，忘情地鼓掌……”这篇通讯就是从新闻事件的现场环境氛围入手的开头形式，给人以热烈生动、身临其境之感。

（3）引用式。通讯的开头直接引用诗词典故、名人名言，这样不仅装点了通讯的艺术形式，更为主体的叙写营造了有力的文化氛围。同时，通讯的开头也可直接引用新闻事件中人物的语言，包括口头语言和书面语言。这种语言要经典、简明，富有个性、饱含深意。如《基层法官的好榜样——记黑龙江省宁安市人民法院东京城法庭审判员金桂兰》的开头就引用了金桂兰工作笔记中的一段话，这段精彩的话印证了金桂兰爱岗敬业、乐于奉献的精神世界。

（4）介绍式。通讯的开头可以介绍新闻事件的缘起、结局或人物的生平、事迹等，使受众从总体上把握事件的思想内容或人物的身份、品质，对主体的展开起着总领和铺垫的作用。

（5）评议式。媒体针对新闻事件或人物本身的价值、意义、影响等做出客观公正的评价，给受众以情绪上的感染和思想上的启迪，并为下文主体新闻事实的叙写定下基调。

3. 主体

主体是通讯的主干部分，是对事件或事实报道的核心。从通讯的内容来看，叙述单一事实的多采用纵式结构，而叙述较为复杂的通讯多采用横式结构或纵横结合式结构。

（1）纵式结构。纵式结构即按单纯的时间发展顺序、事物发展的顺序、作者对所报道事物认识发展的顺序、采访过程的先后顺序等来安排层次。在这种结构里，时间发展的顺序、情节展开的顺序、作者认识事物的顺序成为行文的线索。在采用这种结构时要详略得当、布局巧妙、富有变化，避免平铺直叙。

（2）横式结构。横式结构是指通过空间变换或按照事物性质来安排材料。这种结构概括面广，要注意不同空间的变换，恰当地安排通讯所涉及的各方面的问题。采用空间变换的方法组织结构时，要用地点的变化组织段落；按事物性质安排结构时，要围绕主题，并列地写出不同的几个侧面。常见的有以下三种形式。

①空间并列式。围绕一个新闻事件所体现的不同空间、不同领域内所发生的动态事实或人物的行为活动来安排材料。如新华社记者采写的《今夜是除夕》即属此类。文章开篇之后，分别写了五个地方的人们做着日常工作的情况——在中央电视台：不笑的人们；在长途电话大楼：传递信息和问候；在红十字急救站：救护车紧急出动；在北线阁清洁管理站：“城市美容师”的话；在妇产医院：新的生命诞生了。

②性质并列式。围绕一个新闻主题选择性质上互不隶属的事实材料，即按新闻事实各个侧面之间的关系来安排材料。

③群相并列式。抓住新闻的主题，通过不同人物及其事迹来组织材料、再现其新闻价值。如2010年10月27日《光明日报》的通讯《党支部——科技创新的旗舰——记北京化工大学科研团队党支部的先锋作用》，紧紧围绕科研团队党支部的先锋模范

作用这样一个主题，通过谭天伟、杨万泰、张立群等党员干部在科技创新中的先锋模范作用，体现了科研团队凝聚人心的无穷的精神力量。

（3）纵横结合式结构。纵横结合式结构以时间顺序为经，以空间变化为纬，把两者结合起来运用。此结构多用于事件复杂而时间、空间跨度大的通讯。

4. 结尾

通讯的结尾应该是言简意赅的收束之笔、耐人寻味的点睛之笔。以下是几种较为常见的结尾技巧。

（1）评议式。这种结尾方式通常以总结性的句式点明新闻事件的主题思想，即所谓的卒章显志。这种写法符合人们认识事物时从感性到理性、从现象到本质的思维规律。

（2）引用式。这种结尾类似于通讯开头所采用的引用法。也就是说，在通讯结尾处同样可以引经据典，也可以直接引用新闻当事人的言辞、观点。

（3）展望式。在通讯写作中，针对一些新闻事件的动态特点或是发展变化的不固定性，依据主体内容的现实基础所做出的富有前瞻性的预测、憧憬和展望。

（4）补充式。这种结尾方式是有时根据内容表达的需要，要把那些与主要事实材料相关，但又不需浓墨重彩的材料有意放在结尾，做必要的补充交代；有时为了使新闻事实的动态性得以突出，有意将一些新闻事实留到最后显现出来，表面上是补上一笔，实际上是为了强化人们对新闻事实的进一步关注。

例文解析

【例文】

韩美林视察施工场地

近期，由三磊设计公司主持设计的银川韩美林艺术馆正式完成土建工程，进入内外装修阶段。当日，著名艺术大师韩美林先生亲临工地现场视察。在三磊设计公司设计总监范黎女士的带领下，韩美林先生参观了整栋建筑，了解了施工过程中所遇问题及应对策略。韩美林先生对于目前建筑设计理念的完成度表示肯定，并对未来银川韩美林艺术馆的建成寄予期望。

银川韩美林艺术馆基地位于贺兰山岩画风景区内，将成为岩画景区的有机组成部分。作为岩画参观流线的结束点，整栋建筑表达了现代艺术与大自然的对话，体现了对这块充满自然气息与承载人类文明历史场所的尊重，邀请人们去发现自然与建筑的连接，激发了参观者的探索兴趣，设计师赋予建筑独具特色的互动与展示相结合的参观流线，使历史、艺术、自然、现代精神完美交融。

评析

标题直接叙述事实。

开头部分用直入式导语，开门见山地直接叙述人物、事件。

第二部分是对银川韩美林艺术馆基地的介绍。

本建筑设计灵感源于对贺兰山苍茫雄壮的感动，以及对当地居民因地制宜建造房屋方式的传承。设计师用简练的雕塑感的体量关系来表达对场地的尊重，而材料选用当地毛石的砌筑方式，力求建筑空间与周围环境地貌相融合。建筑形体嵌入场地，从而空间错落有致。在功能上分为公众参观展览区与韩美林先生创作生活区，方正的主展厅与开放、互动展区有机结合为一体，不仅在空间尺度上予以人们不同感受，更融合了对韩美林先生艺术作品的不同理解。

第三部分是对银川韩美林艺术馆基地设计灵感的介绍。

这篇通讯言简意赅、词约义丰，值得借鉴。

（三）通讯的写作要求

1. 报道要详细、深入

通讯是对新近发生的具有新闻价值的事实的报道，一般要交代事情的来龙去脉、发展过程。对一些重要环节和情境一般要做具体描写，不能粗陈梗概；对新闻事实的意义及其产生的原因、背景要深入开掘，不能浅尝辄止；对主要事实及其相关内容要做适当的延伸和扩展，从而使内容显得丰富、深入，以满足人们更具体、更详尽、更深入地了解新闻事实及其真相的要求。

2. 形象要生动，具有一定的文学性

通讯虽然不是文学作品，但也可以运用多种多样的生动化、形象化表述方法，力求在语言和表述手法上具有一定的文学性，以增强报道的效果。

具体地说，通讯在表达上可以灵活地运用叙述、描写、议论、抒情等多种表达手段，还可以运用比喻、拟人、象征等文学修辞手法，并且把对客观事物具体特征的描绘同作者自己或报道对象的内心感受巧妙糅合在一起，以充分展示复杂的新闻事实，给人以鲜明生动的现场感和立体感。与这种文学性相适应，通讯自然形成了既简洁朴实又生动形象的语体风格。

3. 结构体式灵活多样、不拘一格

通讯的结构体式灵活多样、不拘一格，这也是通讯有别于消息的一个特点和一大优势。在这一点上，通讯完全可以与散文相媲美，大凡散文可以采用的结构体式，通讯几乎均可采用。

二、简报

结构模板

项目		要点
报头	简报名称	印在简报第一页上方的正中处，为了醒目起见，字号宜大，尽可能用套红印刷
	期号	位置在简报名称的正下方，一般按年度依次排列期号，有的还可以标出累计的总期号。属于“增刊”的期号，要单独编排，不能与“正刊”期号混编
	编发单位	应标明全称，位置在期号的左下方
	发行日期	以领导签发日期为准，应标明具体的年、月、日，位置在期号的右下方
	密级	如“内部参阅”“秘密”“机密”“绝密”等，位置在简报名称的左上方
标题		类似新闻的标题，要揭示主题，简短醒目
导语		一般要交代清楚谁（某人或某单位），什么时间，干什么（事件），结果怎样等内容
正文		用全面的、典型的、有说服力的材料，把导语的内容加以具体化
报尾		包括简报的报、送、发单位，本期简报的印刷份数

（一）简报概述

1. 简报的概念

简报是各行政机关之间用来下情上报、上情下达和互通情况、交流信息的一个文种，是信息类公文中最重要、最常用的一种。简报也是一种机关文书。

2. 简报的作用

（1）反映情况。通过简报，可以将工作进展情况以及工作中出现的新情况、新问题、新经验及时反映给各级决策机关，使决策机关了解下情，为决策机关制定政策、指导工作提供参考。

（2）交流经验。简报体现了领导机关一定的指导能力，通过组织交流，可以提供情况、借鉴经验、吸取教训，以对工作产生指导和推动作用。

（3）传播信息。简报本身就是一种信息载体，可以使各级机关及从事行政工作的人互相了解情况、吸收经验、学习先进、改进工作。

3. 简报的分类

简报可分为三种类型。

（1）工作情况简报。工作情况简报主要用于反映工作中的动态和一般工作的进展情况。

（2）经验交流简报。经验交流简报专门用来简要介绍一些工作经验。

（3）会议简报。会议简报是指在某一会议召开期间，为交流代表观点、反映会议动态而编写的简报。

（二）简报的结构

简报的种类尽管很多，但其结构一般都包括报头、标题、导语、正文和报尾五部分。有些还由编者配加按语。

1. 报头

简报一般都有固定的报头，包括简报的名称、期号、编发单位、发行日期和密级。

（1）简报名称，印在简报第一页上方的正中处，为了醒目起见，字号宜大，尽可能用套红印刷。

（2）期号，位置在简报名称的正下方，一般按年度依次排列期号，有的还可以标出累计的总期号。属于增刊的期号要单独编排，不能与“正刊”期号混编。

（3）编发单位，标明全称，位置在期号的左下方。

（4）发行日期，以领导签发日期为准，应标明具体的年、月、日，位置在期号的右下方。

（5）密级，有些简报根据需要还应标明密级，如“内部参阅”“秘密”“机密”“绝密”等，位置在简报名称的左上方。

报头部分与标题和正文之间一般用一条粗线分开。

2. 标题

简报的标题与新闻的标题有些类似，可分为单标题和双标题两种基本类型。动态性较强的内容多采用单标题，简短明快地交代事实、揭示主题。

3. 导语

导语即简报的开头语，要用简短的文字准确地概括报道的内容，说明报道的宗旨，引导读者阅读全文。导语写作的总要求是开门见山，一开始就切入基本事实或核心问题，给人一个明确的印象。

导语可根据主题需要，分别采用叙述式、描写式、提问式、结论式等几种形式。这几种导语形式各有所长，写作时可根据稿件特点选择运用。

（1）用概括叙述的方法介绍简报的主要内容，叫叙述式。

（2）把简报里的主要事实或某个有意义的侧面加以形象地描写，以引起读者的阅读兴趣，叫描写式。

（3）把简报反映的主要问题用设问的形式提出来，以引起读者的思考，叫提问式。

（4）先将结论用一两句话在开头点出来，然后在主体部分做必要的解释和说明，叫结论式。

4. 正文

正文是简报的主要部分，用全面的、典型的、富有说服力的材料把导语的内容加以具体化，用材料来说明观点。写好正文是编好简报的关键。正文的内容或反映具体的情况，或介绍具体的做法，或叙述取得的成绩和经验，或指出存在的问题，或是几项兼而有之，要视具体情况而定。

正文的层次安排有纵式结构和横式结构两种形式。纵式结构按事件发生、发展的时间顺序来安排材料；横式结构按事理分类的顺序安排材料。如果内容比较丰富，各个层次可加小标题。

5. 报尾

报尾部分应包括简报的报、送、发单位。报，指简报呈报的上级单位；送，指简报送往的同级单位或不相隶属的单位；发，指简报发放的下级单位。如果简报的报、送、发单位是固定的，而又要临时增加发放单位，一般还应注明“本期增发××（单位）”。报尾还应包括本期简报的印刷份数，以便于管理、查对。报尾部分印在简报末页的下端。

知识链接

简报的选稿要求

选稿是机关文字工作中常涉及的问题，但简报选稿最有代表性。简报编辑必须围绕该简报所在机关的职能来确定主要选稿原则，有的放矢地选稿。简报编辑要从大量来稿中挑出好的稿子，需要注意四个问题。

（1）思想要敏感。简报编辑的思想敏感应该表现在三点上：一是对中央的方针、政策，对上级机关的工作部署和本单位领导的工作安排，头脑要敏感，既要迅速理解其精神实质，又要清醒而敏捷地意识到简报在贯彻落实这些部署中应起的作用。二是对周围的事物，对各方面工作的变化和发展，对各式各样的信息，反应要敏感，既能够条理清楚地把这些情况输入自己的大脑，又能够迅速地提出简报工作应采取的对策。三是对来稿中反映的动向、火花、事物萌芽的反应要敏感，既能认识、鉴别，又能牢牢抓住不放，不让好的线索从自己手中溜走。

（2）看问题要有预见性。工作不是一成不变的，是在不断发展的。作为单位“机关报”的简报，要起到对工作的指导作用，就必须对工作的进程有预见性。也就是说，简报编辑看问题、审稿子，不能只想到今天，只看到眼前，还要看到明天，要想到工作的下一步发展。这样才能真正抓住符合事物发展方向的先进经验，抓住阻碍事物发展的不良倾向，抓住事物发展过程中即将遇到的实际问题，选出有指导意义的简报来。

（3）判断要准确。简报编辑的水平在很大程度上体现在对来稿的判断能力上。具体讲，选稿应从三个方面做好判断：一是做好稿件的真伪和准确程度的判断，也就是通过看稿，对稿件的真实程度心中有数，对稿件在政治上、政策上、理论上以及工作上的指导意义正确与否心中有数。二是做好稿件实际价值的判断。有的来稿所反映的问题抓得很准，写得也很清晰；也有的来稿反映问题不突出，缺乏指导意义。这两类稿子是容易鉴别的，简报编辑能够迅速做出选择。但有的来稿拉拉杂杂，往往把有价值的内容淹没在一大堆材料中。对这种来稿，简报编辑要慧眼识珠，能从璞玉中剖出“和氏璧”来。三是做好稿件刊发利与弊的判断。有些来稿，事情是真实的，观点也是对的，但怎样刊发，什么时候刊发，应该掌握一定的技巧。特别是一些反映问题的、对工作提出批评的来稿，在刊发时机上是早发还是晚发情况简报；是让大家都知道，还是只供领导参阅；在提法和措辞上掌握什么样的分寸，用什么样的口径，这些都需要简报编辑认真动一番脑筋，积极而稳妥地做出判断。

（4）要灵活掌握稿件的写作质量。有些来稿虽然在写作质量上差一些，但反映的问题很重要，材料也是翔实的，就应该考虑编发。必要时，简报编辑还可以亲自动手重写，绝不要仅仅因为文字逊色了一点，就抛弃一些很有价值的文稿。

例文解析

【例文】

密级

××简报

（第×期）

××编

××××年××月××日

维护校园安全，呵护祖国花朵

——成都市5月份小学幼儿园安全工作情况

编者按：短短一个多月，全国各地接连发生了5起校园血案。“孩子是祖国的未来，家庭的希望。”维护校园安全稳定成为目前我国政府的一项重要工作。

5月份以来，成都市教育部门高度重视加强校园内外安保工作，经过学校、警方、家长和学生等各方面的积极配合，本市小学、幼儿园的安全工作在安全思想教育、安保人员培训与配置、硬件配套设施等方面都得到了较大改善。

（一）安全思想教育方面

成都市各区（市）县陆续召开校园安全工作会，强

评析

报头部分包括密级、报名、期号、编发单位和发行日期。

简报标题。

导语说明制发简报的缘由。

简报正文从安全思想教育、安保人员培训与教育、硬件配套设施等方面加强校园安全建设工作。

调学生安全。学习传达中央和省委、省政府、公安部领导指示精神，深入分析当前我市校园及周边社会治安稳定形势，安排部署学校、幼儿园及周边治安整治专项行动，切实维护校园安全稳定。在青羊区教育局召开的校园安全工作会上提出学校应该坚持"课后一分钟安全教育"，规定全区学校要利用晨会、班会等时间对师生进行安全常识和自护自救等安全教育培训。

家长和学生接受安全思想教育，并积极参加到维护校园安全的实践中来。在成都岳家桥小学上学时段，有不少家长佩戴红色袖套作为家长"义工护卫队"出现在了校门口，他们不仅送自己的孩子上学，同时看护同行而来上学的孩子。另外，学校还在学生中挑选了强壮的孩子组建了"学生校园110"，这些孩子将在校园进行巡逻和劝导。学校每周二还开设了"学生安全能力"演练，以增强孩子们紧急情况下的应急自救能力。

这份简报格式完整，内容针对性强，具有一定的指导性。

（二）安保人员培训与配置方面

成都市多所小学、幼儿园的保安、教师、学生参加了由各辖区公安机关主办的"校园安全演练活动"。培训保安擒敌技能，为学校保卫人员发放安保器材以及组织师生与家长共同参与安全培训。

为确保成都校园安全，成都市教育局制订了5项措施加强安全保卫，还与成都市公安局联合推出了"一校一警"制，协调当地公安部门在学校上学、放学时段至少安排一名警察或治保人员进行巡逻。成都市教育局还规定，学校必须在校园及周边建起三道防线，即校门外有警察，校门口有保安，校内有护校队。1000人以上的学校要与当地公安部门联系设立治安岗亭或警务室。

培华小学校长杨晓丹说，学校实行了"一岗双责"制，加强了与警方联系，每天上学、放学以及学校大型集会，警方、社区以及校园安全巡逻大队都会抽调专人到学校，确保师生安全。

（三）硬件配套设施方面

成都市将投入700万元为小学、幼儿园建"校园天网"，在每所学校都建立起校园安全监管网络系统。金牛区教育局相关负责人表示，目前金牛区正在幼儿园和中小学布点调研，制订安保方案，根据校园布局在视线死角和重要聚集场所都将安装摄像头监控校园安全。

目前，学校重点要害部门的物防措施落实率达到100%，市教育局也督促学校新增配备警棍1860余根、防刺手套199双、喷雾剂128支、对讲机371个。所有学校（幼儿园）均建立了消防安全档案。其中，成都高新区芳草小学还制订了科学的安全事故应急处理预案。成都市的小学、幼儿园安全工作方面确实取得了较大的成绩，为学生们健康成长和快乐学习提供了良好的环境保障。

报：××××，××××

送：××××

发：××××

（共印××份）

报尾包括简报的报、送、发单位，本期简报的印刷份数。

（三）简报的写作要求

1. 抓准问题，有的放矢

简报应该围绕本单位的实际，反映最重要、最典型、最新鲜、最为群众关心、最需要引起人们注意的问题。简报的编者要围绕领导决策，抓“超前型”问题。在领导进行某项活动或者将要讨论决定问题之前，努力收集与此有关的情况，经过筛选加工、研究提出可供领导参考的建议和方案。简报的编者必须站在单位领导的高度、全局的高度去观察事情、分析问题，一定要跳出自己工作岗位的小天地，放眼全局，做到全局在胸。

2. 材料准确，内容真实

简报作为加强领导和推动工作的重要工具，内容必须保证绝对真实、准确，否则就会造成不良后果。简报要准确，不可对心理活动、环境、气氛等做合理想象。简报的编者必须深入调查研究，不走马观花，更不可道听途说，保证材料绝对真实可靠。也就是说，要做到简报所选用的任何材料，包括人名、地点、时间、情节、数字、引语、因果关系等，都完全准确无误，没有丝毫的虚构、夸张、缩小和差错。

3. 简明扼要，一目了然

简报的写作必须注意做到简短、明快，用尽可能少的文字说清楚必须说明的问题。一份简报只抓住一个问题，不面面俱到，才能使简报的主题凝聚，篇幅短小，问题说得透彻。如果简报所涉及的内容较多，可以把想说的问题进行归纳、提炼，以最能反映事物性质的内容为主题，重点来写，其他则一概摒弃；也可以将可写的几个问题各写一期简报分期介绍，一期一个重点，千万不可使几个观点出现在一篇简报上。

4. 讲究时效，反应迅速

简报是单位领导对一些问题做出决策的参考依据之一，也是单位推动工作的一个重要手段。简报的功能决定了简报的编者必须讲求时效，思想敏锐、行动敏捷，对问题反应快，对材料分析快，写作构思快，动笔成稿快。同时，还要求简报的编辑、签发、打印、发稿速度快。

5. 内容实在，不空洞

简报的写作既不同于文学作品，也不同于评论文章。文学作品靠刻画形象来表达主题思想，评论文章则靠理论论证来阐述观点。简报和新闻报道一样，是靠现实生活中的事实来宣传党的路线、方针、政策。用事实说话，是简报的主要特征之一，也是编写简报应该注意的一个重要问题。

三、演讲词

结构模板

项目	要点
标题	一般采用单标题式
开头	开门见山、亮出主旨式；叙述事实、交代背景式；提出问题、发人深思式；引用警句、引出下文式
主体	并列式：围绕演讲词的中心论点，从不同角度证明中心论点 递进式：层层推进，最终揭示深刻的主题 并列递进结合式：或是在并列中包含递进，或是在递进中包含并列
结尾	结尾或归纳，或升华，或希望，或号召，收拢全篇，卒章显志，干脆利落，简洁有力

（一）演讲词概述

1. 演讲词的概念

演讲词又叫演讲稿，是在大会或其他公开场合发表个人的观点、见解和主张的文稿。演讲词的好坏直接决定了演讲的成败。

演讲词和议论文一样论点鲜明、逻辑性强，但它又不同于一般的议论文。演讲词是一种带有宣传性和鼓动性的应用文体，经常使用各种修辞手法和艺术手法，具有较强的感染力。

2. 演讲词的作用

重要的演讲最好事先准备好演讲词，因为演讲词至少有两个方面的作用：其一，通过对思路的精心梳理，对材料的精心组织，使演讲内容更加深刻和富有条理。其二，可帮助演讲者消除临场紧张、恐惧的心理，增强演讲者的自信心。

3. 演讲词的选题和选材

（1）根据演讲活动的性质与目的来确立讲题。所谓讲题，就是演讲的中心话题。演讲词的撰写必须在一个有社会价值或科学价值、有现实意义或学术意义的特定问题中展开，否则将是无的放矢。演讲者应根据演讲的性质、目的来确定选题。若被邀请做学术演讲，就应该介绍自己最新的研究成果或自己掌握的最新的学术信息，这样的话题才最具学术性。如果是在思想教育性的演讲活动上做演讲，就应该针对现实中最新鲜的现象和听众最关心的问题发表见解。就连竞选演说和就职演说，也要以把握住听众的理想和愿望来选题。

（2）根据演讲主题与听众的情况来选择材料。材料是演讲词的血肉，所以材料的选择和使用在演讲词的写作过程中是一个重要的环节。

首先，要围绕主题筛选材料。主题是演讲词的思想观点，是演讲的宗旨所在。材料是主题形成的基础，又是表现主题的支柱。演讲词的思想观点必须靠材料来支撑，材料必须能充分地表现主题，有力地支持主题。所以，凡是能充分说明、突出、烘托主题的材料就应选用，否则就舍弃，要做到材料与观点的统一。另外，还要选择新颖的、典型的、真实的材料，将主题表现得更深刻、更有力。

其次，选择的材料要考虑到听众的情况。听众的政治素质、社会地位、文化教养以及心理需求等，都对演讲有制约作用。选用的材料要尽量贴近听众的生活，这样，不仅容易使他们心领神会，而且他们听起来也会饶有兴味。一般而言，对青少年的演讲应形象有趣、寓理于事，举例要尽量选择他们所崇拜的人和有轰动效应的事；对工人、农民的演讲要生动风趣、通俗浅显，尽可能列举他们周围的人和发生在他们中间的事；对知识分子的演讲，使用的材料必须讲究文化层次。

（二）演讲词的结构

不同类型、不同内容的演讲词，其结构也各不相同，但都是由标题、开头、主体、结尾构成的。各部分的具体要求如下。

（1）标题。演讲词的标题一般采取单标题式。

（2）开头。开头要先声夺人，富有吸引力。演讲词的开头也叫开场白，它犹如戏剧开头的“镇场”，在全篇中占据重要的地位。

开头的方式主要有如下几种：

①开门见山、亮出主旨式。这种开头不绕弯子，直奔主题，开宗明义地提出自己的观点。如 1941 年李卜克内西《在德国国会上反对军事拨款的声明》开头就说“我投票反对这项提案，理由如下”。

②叙述事实、交代背景式。开头向听众报告一些新发生的事实比较容易引起听众的注意，吸引听众倾听。如1941年7月3日斯大林《广播演说》的开头：“希特勒德国从6月22日向我们祖国发动的背信弃义的军事进攻，正在继续着。虽然红军进行了英勇的抵抗，虽然敌人的精锐师团和他们的精锐空军部队已被击溃，被埋葬在战场上，但是敌人又从前线调来了生力军，继续向前闯进……我们的祖国面临着严重的危险。”

③提出问题、发人深思式。这种开头通过提问，引导听众思考一个问题，并由此造成一个悬念，引起听众欲知答案的期待。如曲啸的《人生·理想·追求》就是这样开头的：“一个人应该怎样对待自己青春的时光呢？我想在这里同大家谈谈我的情况。”

④引用警句、引出下文式。这种开头通过引用内涵深刻、发人深省的警句，引出下面的内容来。如一个大学生的演讲词《我的思考与奋起》的开头就很精彩：“一个人如果一辈子都不曾混乱过，那么他从来就没有思考过。”

开头的方法还有一些，这里不再一一列举。总之，无论采用什么形式的开头，都要做到先声夺人，富于吸引力。

（3）主体。演讲词的主体要层层展开，步步推向高潮。所谓高潮，即演讲中最精彩、最激动人心的段落。在主体部分的行文上，要在理论上一步步说服听众，在内容上一步步吸引听众；在感情上一步步感染听众；演讲词要精心安排结构层次，层层深入，环环相扣，水到渠成地推向高潮。

主体部分展开的方式有以下三种。

①并列式。并列式就是围绕演讲词的中心论点，从不同角度、不同侧面进行表现，其结构形态呈放射状四面展开，宛若车轮之轴与其辐条，而每一侧面都直接面向中心论点，证明中心论点。

②递进式。递进式即从表面、浅层入手，采取步步深入、层层推进的方法，最终揭示深刻的主题，犹如层层剥笋。用这种方法来安排演讲词的结构层次，能使事物得到由表及里的深入阐述和证明。

③并列递进结合式。这种结构，或是在并列中包含递进，或是在递进中包含并列。一些纵横捭阖、气势雄伟的演讲词常采用这种方式。

（4）结尾。结尾要干脆利落、简洁有力。演讲词的结尾是主体内容发展的必然结果。结尾或归纳，或升华，或希望，或号召，方式很多。好的结尾应收拢全篇、卒章显志、干脆利落、简洁有力，切忌画蛇添足、节外生枝。

例文解析

【例文】

加强道德修养 追逐我们的中国梦

去年，习近平总书记参观国家博物馆时，首次提出了“中国梦”的概念。今年“两会”期间，习总书记更是多次提及“中国梦”。“中国梦”之于国，是民族复兴的梦，是国家富强的梦。“中国梦”之于己，则是要做好13亿分之一，以踏实的行为践行梦想。

在英国最古老的威斯敏斯特教堂旁边，矗立着一块犹太思想家的墓碑，上面刻着一段非常著名的文字：我这一生，有很多梦想，梦想改造世界，改造国家，改造家庭。然而到了垂暮之年，回首往事，我却发现自己一事无成，我终于意识到，如果起初我先改变自己，接着我就能依次改变家人。然后，在他们的激励下，我或许就能改变我的国家。再接下来，谁又能知道？也许，我连整个世界都能改变！

贤人的道理总是存在惊人的巧合。在万里之外的中土大地，有这样一段话代代流传：“欲治其国者，先齐其家；欲齐其家者，先修其身；欲修其身者，先正其心。”这是流传千古的“四书”之一《大学》里的一段话，是儒家经典铭文“修身齐家治国平天下”的原版！

“千里之行，始于足下。”要追逐我们的中国梦，要从细节做起，从小事做起，从自身做起！

从自身做起便是要修身，先贤的话里明确指出，修身的前提是正心，用今天的话来解释，是摆正自己的心，是以道德的力量修持己身！

在追逐中国梦的征途中，在先贤“修身齐家治国平天下”的号召里，道德修养是根本所在，道德的力量是指引我们前进的明灯！

明灯在前，天下有德！

君可见“草鞋书记”杨善洲！甘弃晚年清闲乐，为国造林不酬劳！

评析

本文为大学生关于“中国梦”的演讲稿，标题直接点题。

例文主体部分用递进式的方法，从表面、浅层入手，论述“如何追逐中国梦”，运用步步深入、层层推进的方法，论述“德”与“中国梦”之间的紧密联系，从“追逐中国梦，要加强个人品德修养”“追逐中国梦，要加强家庭美德修养”“追逐中国梦，要加强社会公德修养”“追逐中国梦，要加强职业道德修养”，最终揭示深刻的主题：在追逐中国梦的征程中，我们要以道德为集结号，发出新时代青年的最强音，为自己代言。

君可见“最美女孩”孟佩杰！独力支起破碎家，带母上学书孝义！

君可见“新时代雷锋”郭明义！二十年来为表率，家中苦寒无人知！

君可见“索道医生”邓前堆，溜索行医轻己命，妙手仁心济苍生！

新时代的青年们，要以时代先锋为榜样，以道德模范为旗帜，来追逐我们的中国梦！

追逐中国梦，要加强个人品德修养！

树立正确的世界观、人生观、价值观！要不断鞭策自己，奋发有为，以崭新的面貌吹响时代的号角，为中华民族的伟大复兴贡献自己的光和热！

追逐中国梦，要加强家庭美德修养！

正所谓“家和万事兴”，让家庭美德开花结果，是家庭和睦的前提，也是民族兴旺的前提！学会尊老爱幼，才有母慈子孝。学会珍惜眼前人，才有力顾及天下事！新时代的青年们，要有做好儿女的觉悟，要有做好伴侣的准备，要有做好父母的打算！

追逐中国梦，要加强社会公德修养！

现在的社会上存在一些不良习气。要想正本清源，实现风清气正，需要扬起社会公德的大旗！新时代的青年们，应该广泛接收正能量，广泛传递正能量。正所谓“人间正道是沧桑”，要以大无畏的精神，披荆斩棘，奋勇向前！

追逐中国梦，要加强职业道德修养！

个人品德滋生家庭美德，家庭美德助长社会公德，而社会公德在各行业中的最高体现则是职业道德。作为一个公务员，职业道德尤为重要。在现今的大环境下，在东西方道德价值观猛烈碰撞的时代中，有一小部分人，禁不起糖衣炮弹的轰炸，禁不起纸醉金迷的诱惑。权力寻租者有之，贪赃枉法者有之，严重损害了公务员队伍的形象。作为一个年轻公务员，要树立起公仆意识，长存敬畏之心，把握好人生的风帆！

"雄关漫道真如铁，而今迈步从头越！"未来的路依旧很长，未来的路布满荆棘！作为新时代的青年，我们要有一颗坚定的心，不畏艰难，不惧流言，相信心中的信仰，来迎接"长风破浪会有时"的将来。在追逐中国梦的征程中，我们要以道德为集结号，发出新时代青年的最强音，为自己代言！

结尾点题，戛然而止。

（三）演讲词的写作要求

1. 注意整体性

演讲词并不能独立地完成演讲任务，它只是演讲的一个文字依据，是整个演讲活动的一个组成部分。演讲者、听众、特定的时空条件共同构成了演讲活动的整体。

首先，要根据听众的文化层次、工作性质、生存环境、品位修养、爱好愿望来确立选题，选择表达方式，以便更好地沟通。

其次，演讲词不仅要充分体现演讲者独到、深刻的观点和见解，而且要对声调的高低、语速的快慢、体态语的运用进行设计并加以注释，以达到最佳的传播效果。

最后，要考虑演讲的时间、空间、现场氛围等因素，以强化演讲的现场效果。

2. 注意口语性

演讲词必须讲究上口和入耳。所谓上口，就是讲起来通达流利；所谓入耳，就是听起来非常顺畅，没有什么语言障碍，不会发生曲解。具体做法：把长句改成适听的短句，把倒装句改为常规句，把听不明白的文言词语、成语加以改换或删除，把单音节词换成双音节词；把生僻的词换成常用的词，把容易误听的词换成不易误听的词。这样才能保证讲起来朗朗上口，听起来清楚明白。

3. 注意临场性

演讲活动是演讲者与听众面对面的一种交流和沟通。听众会对演讲内容及时做出反应，或表示赞同，或表示反对；或饶有兴趣，或无动于衷。演讲者对听众的各种反应不能置之不顾，因此，写演讲词时，要充分考虑它的临场性，在保证内容完整的前提下，要注意留有伸缩的余地，充分考虑到演讲时可能出现的种种问题，以及应付各种情况的对策。总之，演讲词要具有弹性，要体现出必要的控场技巧。

四、讲话稿

结构模板

项目	要点
标题	单标题或双标题
称谓	对参加会议或活动者的称呼
开头	点题式、依据式、动因式、引入式、归纳式、承接式、煽情式
主体	递进式、并列式
结尾	希望式、展望式、总结式

（一）讲话稿概述

1. 讲话稿的概念

讲话稿是工作中经常使用的一类应用文体，是指各类、各级领导干部在各种会议、集会、媒体等特定的公众场合上，当众进行宣讲时所用的文稿。它虽然是以领导者个人名义讲的，但实际上代表组织和集体。

从广义上讲，凡是为领导干部在会议上（公众面前）发表具有一定目的性、条理性、完整性讲话而拟定和准备的文稿，都可称作讲话稿。可以说，讲话稿是机关文稿中使用频率最高、最重要的文种之一，也是秘书们为之付出心血最多的文种之一。讲话稿有长有短，长至一万字以上如工作报告，短至几百字如欢迎词、讨论会上的发言稿。

2. 讲话稿的种类

讲话稿的样式有多种，可以按规范性和内容来划分。

（1）按规范性划分。第一类是公文式的讲话稿，即领导在各种会议上所做的工作报告。这种讲话稿一般是回顾总结过去的工作，分析当前面临的形势，部署今后的工作。第二类是专题灵活式的讲话稿，如领导干部在会议上的开幕词、祝词、大会发言、专题性讲话等。

（2）按内容划分。第一类是政治性的讲话稿，指领导发表政治色彩浓厚的讲话时所用的讲话稿。第二类是工作性的讲话稿，指领导以动员、布置工作和总结、交流工作经验为目的的讲话稿。第三类是礼仪性的讲话稿，指领导干部在纪念会、开幕式、闭幕式、欢迎会、宴会、追悼会等场合发表的纪念、答谢、悼念以及应酬性的讲话稿。

3. 讲话稿的特点

（1）权威性。领导公开发表的讲话，对于下属来说，都代表上级机关的观点和意图，或是指示、要求，或是对某件事的定论。但不管是前者还是后者，都具有一定的影响力，即权威性。

（2）政论性。讲话稿的内容或申明领导班子的主张、决策，或分析形势以统一认识，或总结成绩、阐述经验教训以鼓舞士气，都有较强的政治色彩。

（3）指导性。讲话稿的内容必须紧紧围绕会议主题，针对会议研究的问题进行分析，针对与会人员的疑惑进行释疑，并给予正确的回答，以指点、引导今后的工作方向。

（4）集智性。讲话稿的写作通常是集体智慧的结晶。篇幅较长的讲话稿一般由起草班子集体撰稿，分工协作，还要反复将草稿印发给一定范围内的有关人员讨论。

（二）讲话稿的结构

讲话稿一般分为标题、称谓、开头、主体和结尾五部分。

1. 标题

讲话稿的标题一般有两种形式，即单标题和双标题。单标题直接写明讲话者在什么会议上的讲话即可，由讲话者、会议名称和讲话内容构成。双标题由主标题和副标题构成，主标题用一句简洁、醒目的话揭示讲话稿的主题，副标题的结构与单标题相同。在什么场合用双标题或单标题虽然没有明文规定，但实践中有约定俗成的模式。单标题的应用范围比较广泛，大、中、小型会议和各种身份的领导都可适用；而双标题的适用范围相对窄一些，通常适用于大型综合性会议上的主题报告，以达到突出会议主题，号召、鼓劲的效果。

2. 称谓

领导讲话都是有具体对象的，所以在标题和讲话日期下有对参加会议或活动者的称呼，常见的有“同志们”或“尊敬的××领导、各位嘉宾、同志们”等。称呼及顺序排列根据参加会议或活动的对象而定。

3. 开头

讲话稿的开头有多种方式，常见的有七种。

（1）点题式，即开门见山点明会议主题，如“我们这次会议的主题是，传达贯彻……”。

（2）依据式，即道出会议的由来，如“根据市委、市政府关于……”。

（3）动因式，即由会议目的牵出话题，如“为了深入开展‘严打’斗争……”。

（4）引入式，即从某项工作的进展情况引入主题，如“自从市局党委部署的两项整治……”。

（5）归纳式，即概括会议的性质或特点，如“我们这次会议，既是一次……又是一次……”。

（6）承接式，这种方法常见于继一位领导讲话之后的又一位领导讲话，如“刚才，×× 同志讲了很好的意见，请各单位认真贯彻落实。下面，我再补充……”。

（7）煽情式，在一些应景场合如欢迎仪式、庆典仪式上的讲话和欢迎词，可以运用一些文学语言，如“在这阳光明媚、春暖花开的季节，我们高兴地迎来了各位嘉宾、各位朋友……”。

4. 主体

讲话稿的主体是讲话稿的重点部分，是讲话成功与否的关键。这一部分要承接开头部分所提到的观点，展开阐述，并且应做到中心突出、条理清晰、论据充分、论证严密。

主体部分结构可分成条块式，也可不分。安排主体结构通常有两种方式：一是递进式，以事物发展为序，层层递进；二是并列式，把总论点分成几个分论点，每一部分阐述一个分论点，分论点之间的关系是并列的。

5. 结尾

讲话稿的结尾要对讲话的主要内容加以概括，以进一步加深听众对整个讲话的主要精神的印象。

常见的结尾方式主要有以下三种：一是希望式，对与会者提出要求和希望；二是展望式，在即将结束讲话时对未来的前景做一番展望；三是总结式，对全文的主要内容加以总结概括。总之，结尾要求简明扼要、收笔自然，取得鼓舞人心或令人回味的效果。

结尾要做到自然、紧凑、凝练、精彩、新颖，有一定的气势和节奏感，念起来富有号召力和感染力，以便把整篇讲话推向高潮。以下是几种常见的结尾方法。

（1）结论式结尾，即根据前面所讲的内容进行总结和升华，以结论的语气加重内容的分量，以求给听众留下深刻的印象。

（2）号召式结尾，即以召唤的口吻提出要求，希望听众响应，共同行动。

（3）鼓动式结尾，以表达某种信念和决心来激发听众。

（4）肯定式结尾，常用于提示听众看到希望，增强必胜信心，如“虽然……但只要我们加大……落实各项改革措施，就一定能开创新局面”。

（5）提问式结尾，这里虽然用的是问句，但不是疑问，也不需要回答，而是一种肯定式的提问，如“党把我们放在如此重要的岗位，我们还有什么个人利益不能抛弃”。

（6）平实式结尾，即话到完时自然收尾，如“我就讲以上几个问题，请同志们认真研究，抓好这次会议精神的落实”。

例文解析 

【例文】

我们都要争气
——在姚集镇严管干部动员大会上的讲话

同志们：

两个月之前，我们一行七位同志带着县委、县政府的重托，带着十万姚集人民的期盼，轻车简从进驻姚集，走村串户，深入田间地头、矿山企业，走访了一大批镇村干部、群众代表和种植、养殖大户，看望慰问了孤寡老人和困难户代表。一路下来，所见所闻令我们百感交集，广大群众的所思所盼令我们为之动容。素有“万亩桑、万亩果、万亩林、万亩鱼塘”之称，并有着如此得天独厚自然矿产资源的姚集给我们留下了深刻的印象；淳朴厚道、勤劳朴实的广大百姓，甘于奉献、勤于工作的镇村干部，使我们感受到了“突破姚集”的希望所在。特别是姚集当前良好的发展势头令我们为之鼓舞。欣慰之余，我们又为姚集近年来落到全县最后而痛心。（略）在这里，我想引用我们老百姓常说的一句话，那就是“不蒸馒头争口气”。我想用“我们都要争气”作为我今天讲话的题目，说说心里话，并与大家共勉。要说明的是，这里的“我们”，包括镇三套班子同志，包括镇机关和镇直各单位的全体同志，包括全镇各村的所有干部，当然也包括我本人和调研组的全体同志。我们都要争气！

为报答县委、县政府的关爱之情，我们都要争气！

姚集在去年全县综合考核中排名倒数第一，且未满60分，三项硬性考核全部被“一票否决”。按照有关规定，县委对姚集党政领导班子“一把手”及时进行了问责，给予了免职和调离处理。3月23日，在睢宁剧场召开的全县农村工作大会上，县委王书记明确要求，把姚集作为严管村干部的试点，积极探索对村级干部严管的新途径。同样在这次大会上，县委、县政府出台了《关于对村干部严格实行禁酒的规定》，拓展了睢宁严管干部的范围，拉开了睢宁严管村干部的序幕。与此同时，县委常委、

评析

双标题。

称呼。

2010年5月17日，江苏省睢宁县公布了一份特殊的评选结果——“上年度会议讲话和会议形态评选结果”。本稿以38197票荣膺“最佳讲话稿”称号。

受邀参与此次评选活动的徐州师范大学校长徐放鸣评价，向不良文风“开刀”，将群众意见纳入考核体系，睢宁此举通过端正文风来端正作风，将给说话“长、空、假”的官员一个警示。

纪委书记唐健同志亲自安排由我任组长、梁茂平同志任副组长，另外五名专职纪检干部为成员的严管村干部试点工作调研组来到姚集驻点调研。（略）今天的大会召开之后，县调研组还要在姚集工作一段时间，最少也得2~3个月，主要有两项工作：一是监督镇党委、政府贯彻落实严管干部一系列制度情况，指导党委、政府问责处理一批不听招呼、我行我素、跟不上姚集发展步伐、工作效率低下的干部，指导镇纪委严肃查处一批与民争利、吃拿卡要、拉帮结派、贪污、侵占公私财物的害群之马，为姚集经济社会全面健康发展清除障碍、保驾护航。二是协助党委、政府全面完成年初制定的工作目标，迅速赶上全县发展步伐。我们还要协调农口等部门加大对姚集投入，为姚集的高效规模农业快速发展夯实基础。我们还将利用各种人脉关系，帮助姚集招引一批项目，使之尽快达产达效，等等。我们做的虽然微不足道，但不客气地说，实事求是地说，我们争气了。因为纪检监察干部不仅是“党的忠诚卫士，人民群众的贴心人”，更是心系百姓、惩恶扬善、维护稳定的铁军劲旅。我想请在座的大家，都要怀有一颗感恩之心，用各自的实际行动，报答县委、县政府对姚集事业发展的高度关心，对姚集广大百姓的真诚关爱。因为我们相信，只要我们都争气，姚集一定能够在较短的时间内迎头赶上全县的发展步伐！

为彻底改变姚集落后的面貌，我们都要争气！

落后并不可怕，只要找准问题，分析原因，对症下药，一定能够后来者居上。“冰冻三尺非一日之寒”。（略）要说以前，老百姓常说：“姚集吃大米，忘不了宋玉玺；姚集开大荒，忘不了王丙章。”两位老党委书记为姚集做出的贡献姚集人民没有忘记。我们的干部都要思考一个问题：在一个地方工作你到底做了什么？你又留下了什么？要说现在，程刘村党支部书记赵中玉同志就是一名务实的村干部。群众都夸他是老黄牛，一心想着群众，多年来各项工作都走在前面，这难道不是大家学习的榜样吗？我记得姚集有一位村民十年如一日伺候非亲非故的邻居老人，全力支持村“两委”工作，被县民风办、文明办、电视台

本稿是姚集镇严管干部动员大会上的讲话。全文以四个小标题，从为报答县委、县政府的关爱之情，为彻底改变姚集落后的面貌，为实现姚集的后发进位，面对姚集良好的发展势头，从四个不同的角度阐述了“我们都要争气”的原因和动力，可谓动之以情、晓之以理。

等多家单位评为好民风代表。所以我说姚集的干部是大有希望的，姚集的群众对我们是寄予厚望的。只要我们都争气，姚集的人民永远会记住我们！

为实现姚集的后发进位，我们都要争气！

一个地方工作的好坏，关键在于是否有一个坚强的领导班子和一支高素质的干部队伍。姚集镇经济社会的发展关键要靠姚集的干部扎实有效的工作，必须通过长期加强队伍作风建设才能实现，我们的干部必须用心做事，必须用力做成事。严管干部要出成效，必须要有相应的制度来做保证，没有切实可行的制度，很多措施就难以落实。（略）实现姚集的后发进位，确保姚集经济社会跨越发展，必须全民创业，全力招商，大上项目，发展工业，增加财政收入；必须大力发展高效农业，让老百姓的钱袋子尽快鼓起来；必须严管各级干部，用制度管人；必须加大案件查处力度，用严肃的案件查办为姚集的健康发展鸣锣开道、保驾护航。我们将加强对姚集案件查办工作的督查，如果发现该查不查，该处不处的，将严肃追究有关负责同志的责任。我们将责成镇党委、政府严肃查处一批不干事、干坏事的干部，适时召开警示教育大会，对违纪违法干部予以曝光，警示他人，让干部服气！让群众顺气！

面对姚集良好的发展势头，我们更要争气！

钟士民和陈楚两位同志带着县委、县政府的信任和重托来到姚集，任职时间虽然很短，但取得的成绩大家有目共睹。镇党委确定了“一年翻身，两年进位，三年争先”的奋斗目标，实行全员绩效考核和干部问责机制。开展了“四谈一想”大讨论，向全镇党员、干部、群众层层传递压力，取得了良好的效果。今年1—5月份，姚集镇财政收入超额完成序时进度，建成农业、城建及工业项目6个，计划投资1.02亿元，注册资金650万元。通过安装路灯、新建公共厕所、搬迁闹市汽车站点、启用荒废东大街等工作的落实，实施了一批民生工程，让老百姓心平气顺，让老百姓看到了姚集的希望所在。6月2日，县委王书记来姚集调研时指出：“近几个月，听到的、看到的，官方的、民间的，对姚集反映比较好。姚集在变，姚集大有希望！”

这么短的时间，姚集能取得这样的成绩，县委主要领导能给予这么高的肯定，这是镇党委、政府坚强领导的结果，这是全镇上下广大干部群众共同努力的结果。事实证明：县委对姚集党委、政府班子主要领导的调整是及时的、正确的。实践证明：姚集的干部都在争气。大家都很清楚：没有姚集的突破，就没有睢宁的突破。没有姚集的小康，就没有全县的小康。姚集的落后只是历史，只是现实，但绝不会是永远。姚集有得天独厚的自然矿产资源，有刚刚起步的良好发展势头，有县领导殷切的希望、深情的厚爱和强力的支持，有全镇十万干群的真抓实干，只要我们都努力，只要我们都争气，姚集一定会后发进位，姚集一定会后来居上！

总结全文，提出希望。

（三）讲话稿的写作要求

1. 了解上情

领导讲话不是随便乱讲的，从讲话内容看，必须充分体现上级的指示精神，特别是上级的新决策、新要求；从讲话时机和场合看，重大场合和重要会议上的重要讲话必须与形势和任务具有非常紧密的联系。因此，要写好领导的重要讲话，就必须事先学深学透上级的有关指示精神，了解形势和任务，这是起草领导讲话稿的内在要求。

2. 领会意图

虽然领导讲话不完全是领导的个人行为，但毕竟要通过具体某位领导来实施。从实际情况看，领导想重点讲些什么，每位领导通常都有自己的一些考虑，有的虽然还不是很明确、很成形、很系统，但其基本意图还是能察觉到的；有的则已经在领导头脑里有了比较清晰的思路，只要把领导的意图充分表达出来，一篇讲话稿也就写成了。所以，事先领会领导意图，是起草讲话稿必不可少的重要环节。

3. 掌握下情

要了解下面的情况，多用基层的事例，多用事实讲话，就会使听众感到讲话者很内行，讲得很深。特别是在工作推进会上，首先要肯定前段时间的工作成绩，还要指出工作中存在的不足和差距，然后提出针对性的工作要求。讲话稿不掌握下情肯定是不行的。

4. 把握层面定位

为高层领导起草讲话稿，必须站在宏观的高度来思考问题；为中层领导起草讲话稿，必须站在中观的位置来思考问题；为基层领导起草讲话稿，通常应站在相对微观的层面上来思考问题。就不同领导的不同要求而言，为党委书记起草讲话稿，通常应围绕全局问题来写；为其他分管领导起草讲话稿，通常应围绕某项重点工作或某一侧重点来写。同一个会议上如有多个领导讲话，就得从结构上进行一些技术处理，避免内容和结构的重复，还要注意每位领导讲话的侧重点，或者有的重点讲原则意见，有的重点讲具体要求。这些事先都要通盘考虑。

5. 体现领导者个人特色

讲话稿是否能达到领导的希望，主要取决于写稿人的政策水平、思想水平、知识水平、写作水平。另外，写稿人要了解领导的性格、年龄、习惯、爱好、学识等个人特点，使自己写的讲话稿与领导的特点相吻合，从而获得领导的认可。

6. 讲究语言表达艺术

一是通俗易懂，把要说的话、要讲的理，说明白，做到条理清楚、逻辑严密；二是言简意赅，篇无闲句，句无闲字，干净利落；三是生动感人，力避呆板、老套。

实战演练

1. 阅读以下材料，参照第一节“党政机关公文”的例文写一份公函。

2018 年 10 月 8 日，经贸学院院长对经济教研室李老师说：“小李，为了拓展学生的知识面，提高学生的文化素养，咱们学院最近决定请海南大学的经济学专家李奇教授过来做个讲座，你来给海大经济学院写份函，好吧？”小李说：“那发文字号是经贸函〔2018〕25 号，对吗？”主任点点头，又叮嘱了一句：“记住，别忘了写一句话：时间安排由李教授决定，讲座费用由我学院按规定拨付。”小李说：“忘不了，市场经济，当然得按劳付酬啦。”假设你是小李，请书写这份函。

【写作提示】按照公文正式格式撰制；注意写作语言平和礼貌，避免阿谀逢迎。

2. 根据下述材料，参照第二节“商务活动应用文”的例文写一篇市场调查报告。

中国饮料工业协会统计报告显示，国内果汁及果汁饮料实际产量超过百万吨，同比增长 33.1%，市场渗透率达 36.5%，居饮料行业第四位。但国内果汁人均年消费量仅为 1 千克，为世界果汁平均消费水平的 1/7，西欧国家平均消费量的 1/4，市场需求潜力巨大。

我国水果资源丰富，其中，苹果产量是世界第一，柑橘产量世界第三，梨、桃等产量居世界前列。据权威机构预测，到 2005 年，我国预计果汁产量可达 150 万～160 万吨，人均果汁年消费量达 1.2 千克左右。2015 年，预计果汁产量达 195 万～240 万吨，人均果汁年消费量达 1.5 千克左右。

近日，我公司对××市果汁饮料市场进行了一次市场调查，根据统计数据，我们对调查结果进行了简要的分析。

追求绿色、天然、营养成为消费者和果汁饮料的主要目的。品种多、口味多是果汁饮料行业的显著特点。据××市场调查显示，每家大型超市内，果汁饮料的品种都在120种左右，厂家达十几家，竞争十分激烈。果汁的品质及创新成为果汁企业获利的关键因素，品牌果汁饮料的淡旺季销量无明显区分。

目标消费群——调查显示，在选择果汁饮料的消费群中，15～24岁年龄段的占了34.3%，25～34岁年龄段的占了28.4%，其中，又以女性消费者居多。

影响购买因素——口味：酸甜味道的果汁饮品销得最好，低糖营养性果汁饮品是市场需求的主流。包装：家庭消费首选750毫升和1升装的塑料瓶大包装；260毫升的小瓶装和利乐包为即买即饮或旅游时的首选；礼品装是家庭送礼时的选择；新颖别致的杯形包装因喝完饮料后瓶子可当茶杯用，所以也影响了部分消费者的购买决定。

饮料种类选择习惯——71.2%的消费者表示不会仅限于一种，会喝多种饮料；有什么喝什么的占了20.5%；表示就喝一种的仅占8.3%。

品牌选择习惯——调查显示，习惯于多品牌选择的消费者有54.6%；习惯性单品牌选择的有13.1%；因品牌忠诚性做出单品牌选择的有14.2%；价格导向的有2.5%；追求方便的有15.5%。

饮料品牌认知渠道——广告：75.4%；自己喝过才知道：58.4%；卖饮料的地方：24.5%；亲友介绍：11.1%。

购买渠道选择——超市：61.3%；个体商店：28.4%；批发市场：2.5%；大中型商场：5.4%；酒店、快餐厅等餐饮场所也具有较大的购买潜力。

一次购买量——选择喝多少就买多少的有62.4%；选择一次性批发很多的有7.6%；会多买一点存着的有29.9%。

【写作提示】本材料为消费需求的报告，写作时应包括标题、引言、主体、结尾四部分。主体部分应对调查所获得的国内果汁及果汁饮料的基本情况进行介绍；在对调查所获得的国内果汁及果汁饮料的基本情况进行分析的基础上，对市场发展趋势做出预测；针对国内果汁及果汁饮料提出具体的建议和措施，供决策者参考。

3. 阅读以下材料，参照第三节“宣传工作应用文”的例文写一篇演讲词。

“中国梦”自中共十八大提出以来一直是一个热门话题。每个人都有自己的梦想，作为新时期的大学生，你的梦想是什么？你如何为中国梦的实现贡献自己的力量？请以“我的中国梦”为主题写一篇演讲词，题目自定。

【写作提示】注意演讲词的开头要先声夺人；主体要层层展开，步步推向高潮；结尾要干脆利落。

第五章 日常生活应用文

日常生活应用文是个人在日常生活、学习和交往过程中所使用的各种文书的总称。这类文书在沟通交流、加强和改善人际关系、从事社会活动、表达意愿、规范个人行为等方面都起着十分重要的作用。

时代在发展，虽然信息传播的手段越来越多样化，但是我们仍然会经常用到日常生活应用文。日常生活应用文的基本内容、文体特点都没有发生变化，在我们的生活中仍处于十分重要的地位。

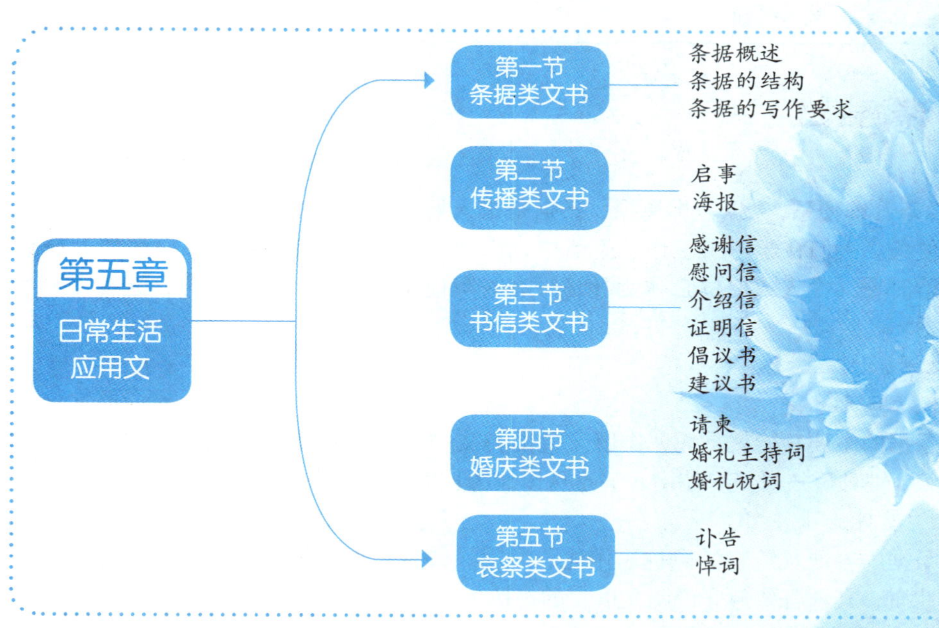

第一节　条据类文书

在日常生活中，有时因急事需向别人或单位借钱借物，要写借条；有时因病因事未能去上班，要写请假条；有时找人找不着，要写留言条；有时想托人办事又不能立即见到对方，要写张托事条。这些条据类文书能给生活带来很多方便，因此，我们要学会写作这类文书。

结构模板

项目	要点
标题	条据名称
正文	一般需要交代清楚原因、时间、具体事情或者有关要求等
落款	署名与时间

一、条据概述

（一）条据的概念

“条”即便条，“据”即单据，条据是指人们日常生活中作为某种凭据或有所说明的便条。人们在学习、工作、生活中，借到、领到、收到钱物时，一般要写张便条交给对方（个人或单位）作为凭证，有时写便条告知别人什么事情，这就需要使用条据。

（二）条据的特点

1. 凭证性

条据的主要功能就是凭证作用。条据类文书作为钱物借还的重要凭据，应该严加保管，供日后核对情况使用，甚至可以作为档案保存起来。

2. 说明性

条据内容涉及钱物的名称、用途、时间、数目、去向等重要信息，具有说明事实的性质，其语言要遵守说明文语言的规范。

3. 简便性

条据的文字简短，篇幅不长，往往三两句话甚至一句话就可以说清楚，不必长篇大论。所以一般只用简便的纸条写上文字即可，书写和使用起来很方便。

（三）条据的种类

按内容和性质，条据可分为说明性条据和凭证性条据两大类。说明性条据主要有请假条、留言条等；凭证性条据主要有借条、欠条、收据等。

二、条据的结构

（一）说明性条据

说明性条据，又称函件式条据，通常指用来传递信息、道明原委的条据。其作用主要是向他人解释、说明某一事情，或向他人发出请求。因此，说明性条据具有更强的礼仪规范，要求在措辞甚至使用上都要表现得谦恭、礼貌。

说明性条据一般不写标题，但请假条除外。条据开头都有称谓，随后的正文、致敬语和落款一应俱全，与一般书信相同。

1. 请假条

请假条是出于某种原因不能参加或出席某种活动而向上级领导请求准予缺席的便条。请假条主要由标题、称谓、请假原因、请假起止时间、祝颂语、请假人签名和请假时间构成。

例文解析

【例文】

请　假　条

尊敬的王处长：

因为单位统一安排9月5日至10日到南京参加财务人员业务培训，我将不能参加财务处原定的财务核算讨论会议。特向您请假，望批准。

此致

敬礼

请假人：×××

2019年8月26日

评析

写上对方的称呼，写明请假的原因，结尾写上“望批准”和“此致敬礼”，并在假条的右下方写上自己的名字和请假的时间。

2. 留言条

留言条一般用于当甲因为某事找乙，但乙不在且甲也无时间等候时。留言条分为称呼、正文、署名和日期三部分。称呼要顶格写，在称呼下一行空两格写正文，把要给对方说的事情简单地写清楚。正文下面是留言人署名和时间。

例文解析 

【例文】

留　言　条

刘主任：

今天我去找您商量上半年我单位与贵公司关于续签合作协议的事宜，但很遗憾恰逢您出差。希望您回来以后能尽快与我联系，以便我们再次商量续签事宜。

×××

2019 年 8 月 9 日

> **评析**
>
> 写上对方的称呼，写明留言的具体内容，并在右下方写上自己的名字和留言的时间。

（二）凭证性条据

凭证性条据一般涉及借、欠、收、还、领个人或单位现金、财物，往往起到凭证作用。钱物归还后，条据要回收作废或撕毁。凭证性条据主要有借条、欠条、收据、领条等。其通常由标题、正文、落款构成。

（1）标题。凭证性条据可以直接用条据的种类“借条”“欠条”“收据”“领条”作为标题，标明条据的性质内容。标题要居中。

（2）正文。正文开头惯用语为“今借到”“今领到”“今收到”等，涉及钱物数量时数字要大写。

（3）落款。落款包括署名和时间两项内容。如果是单位，除了写明单位名称外，还应写明经办人姓名。

例文解析 

【例文】

收　条

今收到张××一季度物业管理费伍佰元整。

此据。

××物业管理公司（盖章）

××××年××月××日

> **评析**
>
> 收条的开头一般写上“今收到”字样。
>
> 正文需写明收到物品的具体内容，表示数量的数字要大写。

例文解析 

【例文】

借　　条

今借到××学院××系课桌伍拾张、椅子壹佰把，供晚会使用，晚会后立即归还。

此据。

××公司（公章）
经办人：李四
××××年××月××日

> **评析**
>
> 借条的开头一般写上“今借到”字样。
>
> 正文需写明借钱或物的数量，表示数量的数字要大写。

三、条据的写作要求

1. 要素清晰

条据必须由对方亲笔书写，接收方不能代笔。条据要交代清楚四项要素，即写给谁，什么事情，谁写的，什么时间写的。

2. 数量要写清楚

条据涉及的钱物数量要写清楚，数字要大写，数字前不能留空白，后面要写明计量单位，款项金额后要加“整”字，以防恶意添加或窜改。

3. 文面要整洁

条据写成后，内容不可涂改，文面保持整洁。如确实需要改动内容，改动处必须加盖印章。

4. 注意正确用笔

应用蓝色或黑色钢笔或圆珠笔，不要用铅笔、易褪色的墨水或红色墨水。字迹应该工整、清楚，不要用草书，以免误认。语言要避免歧义，以免造成纠纷。

知 识 链 接

欠条与领条

1. 欠条

借到别人或公家的钱物，归还了一部分，但还有一部分拖欠，对拖欠部分所写的便条，叫欠条；借了别人或公家的钱物事后补写的凭证，也叫欠条。

欠　　条

原借张三同志人民币捌佰元整，现在还伍佰元，尚欠叁佰元，拟于七月内还清。

此据。

何××
××××年××月××日

> 标题一般写明文种即可。
>
> 正文需写明具体内容，表示数量的数字要大写。

2. 领条

在某一机关、单位、团体领取钱物，或者个人向机关、单位、团体领取钱物时，写给负责发放钱物的人留存的便条，就是领条。

领　条

今领到劳保科发给三车间工作服叁拾套，手套壹佰副。

三车间主任×××

××××年××月××日

> 标题一般写明文种即可。正文需写明具体内容，表示数量的数字要大写。

第二节　传播类文书

传播类文书是指为配合一定时期、一定主题的中心工作和任务，借助于一定的媒体向社会公众介绍某些人物、事件或相关知识，以让人知晓为目的的一类文书。传播类文书包括启事、海报、消息、通讯等。传播类文书是应用文体系中的一个分支，对社会公众的思维方式、行为习惯及生产生活等方面都能产生重要的影响。

结构模板

项目	要点
标题	“文种”或“说明事项内容和文种”
正文	一般包括目的、意义、具体办法、要求、条件等
落款/结尾	一般包括联系地址、电话、联系人姓名、时间等/表示敬意和邀请的礼貌用语

知识链接

传播类文书的特点

1. 时效性

传播类文书所承载的是各类信息，从信息传递的角度看，要保证其价值的有效性，就必须讲究时效，否则，信息的价值会随着时间的推移而递减。

“快”是传播类文书时效性的一个重要标志。所谓的快就是要对有关信息及时做出反应，这是对传播类文书在时间上的要求。“新”是传播类文书时效性的另一个特征。所谓的新就是要保鲜，一方面，要保证反映的事实和情况是鲜活的，另一方面要及时地更新信息。时效性要求传播类文书的作者要有敏锐的洞察力和快速的反应能力，对政治、经济及社会生活各个方面有相当强的敏感性，并能及时地捕捉信息。

2. 共享性

传播类文书依附于一定的媒体，面向公众实现其传播任务，因此，对于受众而言，传播类文书具有共享性的特征。

3. 真实性

传播类文书以传播信息为己任，真实是其价值的体现。传播类文书只有以客观真实的面貌面对社会公众，才能保证其在社会公众面前的权威性。因此，传播类文书的写作者应该对选取的材料去粗取精、去伪存真，科学有效地筛选、鉴别，才能保持其真实性。

4. 可读性

传播类文书的对象是社会公众，它所传播的信息必须能为社会公众所接受。可读性就是要求传播类文书以其特有的灵活手段亲近公众，以其独特的眼光和角度吸引公众，以其独特的魅力引导公众，进而达到预期的目的和社会效果。

一、启事

（一）启事概述

1. 启事的概念

启事是公开的简便文告。“启”是陈述表白，“启事”就是把某件事情陈述出来，告诉公众，其目的是希望看到启事的人采取某种响应性的行动。凡是机关团体、企事业单位或者个人希望将某事公布出来引起人们注意或希望人们采取某种行动时，就可以通过电视、广播、报纸、杂志、墙报等把意愿表达出来，这些表达形式就是启事。

启事的公开表白一般用于两种情况：一是表白对象无法确定具体人或已确定具体人但不知此人身在何处，可通过启事的形式告诉对方资讯；二是有些事情的表白虽有具体对象，但表白人有意让社会大众周知。

2. 启事的特点

（1）周知性。启事所涉及的内容必须是需要向社会大众公开陈述的有关事项。因此，周知性便成为其第一个特点。为了使有关事项在社会上被周知，启事往往采用多种多样的发布途径和发布形式。它既可以抄写张贴在公共场所，也可以制成印刷品广泛传播；既可以在报刊登载，也可以利用广播、电视播放。

（2）商洽性。启事和通知、通告一类的公文虽然都具有周知性，但它不像通知、通告等公文那样具有行政的强制性和约束力。机关单位需要向社会大众公布有关事项时，它们与社会大众在行政上并没有隶属关系，因而不能以通知、通告之类的行政公文发布，而只能采用启事，以商洽的语气向社会大众陈述有关事项。它不能硬性规定社会大众必须阅读、收看或者收听，更不能强制社会大众必须办理、执行。

（3）祈请性。启事的目的不仅在于向人们公开告知有关事项，而且更侧重于请求人们协助办理。

3. 启事的种类

启事的种类繁多，根据内容大体可以分为如下几类。

（1）招取类启事，如招领启事、招工启事、招生启事、招聘启事等。

（2）征求类启事，如征订启事、征文启事、征地启事、征婚启事等。

（3）寻找类启事，如寻人启事、寻物启事等。

（4）变更类启事，如改期启事、更名启事、迁址启事、出租启事等。

（5）经营类启事，如开业启事、停业启事、庆典启事等。

（二）启事的结构

启事一般由标题、正文和落款三部分组成。

1. 标题

标题一般在第一行中间用比正文大的字写上文种“启事”或说明事项内容和文种，如“招生启事”“征稿启事”“招聘中学教师启事”等。或者写明启事单位名称加内容、文种，如“北京显像管厂聘请法律顾问启事”等。有时标题也可不用“启事”两个字，直接写内容部分，如“寻人”“招聘”等。

2. 正文

在第二行空两格写正文。正文因启事所说明的事项不同而异。总的要求是要有条理、清楚明白、简明扼要。正文后可以写上“此启”或“特此启事”的结束语，不过现在一般都不用。

3. 落款

在正文后偏右写上启事单位名称或个人姓名。单位名称已写入标题的，后边就不必再写了，只写联系地址、电话号码、邮政编码、联系人、日期即可。

例文解析

【例文】

迁移启事

我公司由于需要扩大经营规模，增加生产投入和人员编制，拟于××××年××月××日搬迁办公地点。现将新地址、电话等通知如下：

地址：××××××××××

电话：×××－×××××××××

××公司（公章）

××××年××月××日

评析

这是一篇迁移启事，篇幅简短，但是迁移的时间、地址、联系电话都写得非常清楚，表述也十分明白。

（三）启事的写作要求

1. 内容严密、表述清楚

启事的内容不仅要严密、完整，而且要表述清楚，切忌含糊不清。

2. 注意用语

启事的用语要热情、恳切、文明，这样才能使公众产生信任感，达到预期效果。

3. 注意用字

不能将“启事”错写为“启示”。“启示”是“启发指示，使人有所领悟”的意思，与“启事”不同。

二、海报

（一）海报概述

海报是向广大人民群众报道或介绍有关戏剧、电影、体育比赛、文艺演出、报告会等方面消息的一种实用文体。就写作目的来说，它和广告相似，以鼓动人们参与为目的。

海报多张贴在剧院、电影院、街头等公共场所，一般范围有限，有效时间较短，没有必要登报或在电台广播。海报多数都加以美术设计，使之醒目、美观。

1. 海报的特点

（1）使用的限定性。海报只限于主办单位使用，个人一般不用；只适用于报道举办文化、娱乐、体育活动的消息，其他内容不适用。

（2）功用的广告性。海报具有比较明显的广告性质。张贴海报的目的不仅是广而告之，更重要的是召唤人们去观看或聆听。但海报不具有强制性和约束力。

（3）形式的吸引性。海报与启事都是招贴，但海报与启事在文面形式上有很大的区别。海报常用色彩鲜明的纸张，文字有时也用彩色，还配上美术图案，与启事有明显的区别。

（4）传播的单一性。海报只用招贴的形式传播。它被贴在公共场所，以达到广而告之的目的。海报一般不登报、不广播、不上电视，也不在刊物上发表。

2. 海报的种类

海报的种类较多，从内容的角度分为戏剧海报、电影海报、文艺海报、体育比赛海报、报告会海报等；从形式的角度分为文字海报和美术海报两种。

（二）海报的结构

海报可以横排，也可以竖排。海报的结构一般包括标题、正文和结尾三部分。

1. 标题

海报的标题要醒目，要能把人在一瞥之间的兴趣和注意力紧紧抓住，使得人们“一见钟情”，激起踊跃参加的热情。一般是在海报的上方正中简明地写出“海报”二字；也可以写明内容，如“舞会”“球讯”“影讯”“报告会”“讲座”等。

2. 正文

正文是海报的实质内容所在，是写作的重点，要写明演出、比赛、展览会或报告会的内容、时间、地点、举办单位、票价等，让人们读后能清楚活动的性质，了解基本的情况。为了增强效果，引起人们的兴趣，海报设计者可以适当运用形象性的语言进行介绍，以增强海报的鼓动性。

海报正文有时还可以配上有特色的图案或象征性的图画，但要注意分寸，不能引起人们的反感，否则，宣传效果就会适得其反。

不同内容的海报正文的写法差别很大，但不管是哪一种海报，一般要包括以下三个方面内容。

一是活动性质。如赛事、演出、会议、商品销售等，要明确告诉大家。

二是情况介绍。活动的具体情况要简明介绍。如果是报告会，报告的内容、报告人的情况等要有说明；如果是商品销售，货物、价格、质量等情况要介绍清楚，才能更好地吸引观众。

三是时间、地点、收费等。举行活动的时间一定要写得明白而具体，如“3 月 1 日（星期三）下午 2 点 30 分”等。地点也要明确，必要时写明乘车路线。如果收费，票价也要明确写出。

3. 结尾

结尾在正文之后另起一行，可用稍大的字书写“莫失良机”“欢迎参加”等语作结。结语后另起一行右下方写落款，即举办单位的名称。名称下一行注明海报制作的日期。有些海报将举办单位写在举办的时间、地点之后。落款可省略举办单位的名称，只写海报的制作时间即可。

例文解析

【例文】

“激情飞扬”海报

这是梦想的擂台
这是青春的精彩
这是你我的盛会
这是热情的澎湃
文采 口才 演讲
热情 才华 比拼

主题：迎“五四”演讲赛
时间：××××年××月××日下午 3 点
地点：××学院多功能厅
欢迎参加

中文系
××××年××月××日

评析

标题醒目。

内容简洁，语言富有激情。

内容、时间、地点等也交代得非常清楚。

（三）海报的写作要求

1. 内容真实

内容必须真实，不能为达到某种目的而夸大事实，甚至弄虚作假、欺骗公众。

2. 文字简洁

文字力求简洁明了，行文直截了当。语言要带有一定的鼓动性。

3. 图文并茂

作为张贴性的应用文，海报可根据内容需要配以象征性的图案或图画，做到图文并茂，以吸引观众。

第三节　书信类文书

书信是指人们在工作、学习、社会交往中所用的信件。

书信的种类很多，通常有感谢信、慰问信、介绍信、证明信、倡议书、建议书等。

结构模板

项目	要点
标题	××信（书）
称谓	第二行开头顶格写受文单位或个人名称
正文	写明具体内容
结尾	另起一行空两格写结束语
落款	署名加日期

一、感谢信

（一）感谢信概述

感谢信是对支持、帮助、关心过自己的机关、企事业单位、社会团体或个人表示感谢的专用书信。

感谢信的特点是感谢和表扬。感谢信是以书信的形式表达一个人或集体在接受别人或集体帮助后的感谢之情，因此，感谢与表扬是分不开的。

感谢信从不同的角度看有不同的类别。从感谢的对象看，可分为给集体的感谢信和给个人的感谢信；从感谢信的表现形式看，可分为公开张贴或传播的感谢信和寄给单位或个人的感谢信。

（二）感谢信的结构

感谢信通常由标题、称谓、正文、结尾和落款五个部分组成。

1. 标题

感谢信的标题在第一行正中书写，字体应大些。标题通常有以下几种写法：一是直接用文种名“感谢信”作标题；二是由受文对象和文种名共同组成标题，如“致广州大学的感谢信”；三是由感谢双方和文种名称组成标题，如“××希望工程致中山大学的感谢信”。

2. 称谓

在标题之下第二行顶格写明被感谢的单位名称或个人姓名。个人姓名后面加上“同志”或“职位”等相应称呼，称谓后加冒号。如“李华同志”“省人民医院呼吸内科王东主任”。

3. 正文

正文从第三行空两格起，分段写出以下几方面内容。首先，简述事由，精练地叙述事情的前因后果，重点叙述关键时刻得到的对方的关心、支持和帮助，对此表示感谢。其次，简述对方的关心、支持和帮助对整个事件起到的效果及重要性，同时表示向对方学习的态度和决心。最后，再次向对方致谢。

4. 结尾

结尾写上表示感谢和表示敬意的话，如“此致敬礼”“致以诚挚的感谢”等。

5. 落款

在右下方署上写感谢信的单位名称或个人姓名，同时写明日期。

例文解析

【例文】

感　谢　信

广大用户、同行及有关领导：

××有限公司于××××年××月××日在北京举行隆重的开业典礼，此间收到了全国各地许多同行、用户以及外国公司的贺电、贺函和贺礼。上级机关及全国各地单位的领导、世界各地的贵宾等亲临参加庆典，寄予我公司极大的希望，谨此一并感谢，期待更广泛、更友好的合作。

此致

敬礼

××有限公司

××××年××月××日

评析

首先介绍致谢事由，其次说明感谢的对象，最后表明致谢、加强联系的愿望。

（三）感谢信的写作要求

1. 叙述清楚

感谢信要把感谢的对象和事件叙述清楚、准确，使对方的组织和群众能了解是什么人做了什么事，有什么好的影响。

2. 高度肯定

感谢信要高度评价、赞扬对方的行为。

3. 切合实际

表示感谢的话要符合双方的身份；语言要真挚、朴实；表达决心要切合实际。

4. 文字简练

感谢信文字要简练，篇幅不能过长。

二、慰问信

（一）慰问信概述

慰问信是以组织或个人的名义向对方表示关怀、慰问的专用书信。慰问信可以直接寄给对方，也可以登报或广播。慰问信能够充分体现组织的温暖和朋友、亲人之间的深厚情谊，给人以继续前进的信心、克服困难的勇气、勤奋学习和努力工作的力量。

慰问信适用于以下情况：

（1）向做出贡献的集体或个人表示慰问，鼓励他们戒骄戒躁，继续前进。

（2）向出于某种原因（如战争、自然灾害、事故）而遭受重大损失或遇到巨大困难的群众表示同情慰问，鼓励他们加倍努力，战胜困难。

（3）节日和纪念日慰问。

（二）慰问信的结构

1. 标题

标题可写成“慰问信”，或者“××致××的慰问信”，如“湖南省人力资源和社会保障厅致全省企业离退休同志的慰问信”“致灾区人民的慰问信”等。

2. 称谓

标题下空一行顶格写慰问对象的全称，前面加上“敬爱的”或“尊敬的”等字样，以表示尊重。如果是写给个人的，应在姓名之后加上“先生”“女士”等字样。

3. 正文

正文主要包括以下几部分：说明写慰问信的背景、原因；全面而具体地叙述对方的英雄事迹或对方所遇到的困难；结合形势和任务，提出希望或鼓励对方战胜困难，表示共同的愿望和决心；用鼓励或祝愿的话总结。如同样是给灾区写慰问信，一种是写给灾区的人民和干部的，就应该对他们的损失和牺牲表示同情、支持、安慰和鼓励；另一种是写给在灾区抢险救灾的解放军指战员的，就应该着重对他们奋不顾身地抢救灾区人民群众生命和财产的行为加以颂扬，同时表示要学习他们的精神。

4. 落款

慰问信的最后要写上落款。

例文解析 

【例文】

慰问信

亲爱的××部队全体官兵：

××××年元旦佳节来到了，我们代表全乡人民向你们致以亲切的慰问和节日的祝贺！

在过去的一年里，你们牢记人民军队全心全意为人民服务的宗旨，为支持我们乡改变贫穷落后的面貌做出了无私的贡献。你们的战备训练任务很重，却还利用节假日和平时的休息时间帮助我们开展各项工作。农忙时，你们派人到各村帮助抢种抢收；农闲时，你们又帮助我们办起了文化补习夜校，不仅教我们识字念书，还给我们讲科学种田的新技术；对乡里的“五保户”，你们更是关怀备至，经常派人为他们洗刷衣被，打扫房屋，送去水果和糕点。我乡能摘掉“贫穷”的帽子，多亏你们花费了大量的心血。我们为有你们这样爱护人民的子弟兵感到自豪、感到骄傲。我们向你们表示：你们的工作有什么需要我们支持的，我们一定当成自家人的事来尽力办好。

在这喜庆的节日里，我们祝愿你们在新的一年取得更出色的成绩，祝愿我们的军民鱼水情更加深厚。

祝你们元旦快乐！

××乡人民政府

××××年××月××日

评析

这封慰问信是以组织的名义对××部队全体官兵进行慰问，它能体现出组织的关怀和人与人之间的温暖，给人以安慰和鼓舞，从而让人精神振奋、再接再厉。

（三）慰问信的写作要求

1. 语气诚挚

慰问信的语气比一般书信更亲切、更诚挚，要向对方表达出真挚的关怀之情，字字含情谊，句句鼓信心。在热情赞颂的同时还要殷切地提出希望，鼓励对方继续前进。

2. 文字简洁

慰问信的文字宜简洁，篇幅宜简短。

三、介绍信

（一）介绍信概述

介绍信是行政机关、社会团体、企事业单位派遣人员前往有关单位洽谈事项、

处理公务或参加各种社会活动时所使用的一种专用书信。持介绍信的人可以凭此信件同有关单位或个人联系具体事务，对方从介绍信里就可以看出来者是何单位的人，担任什么职务，办理什么事情。介绍信要使用有关单位名称的便笺。介绍信不仅有联系对方的作用，还有证明持信人身份的作用。

（二）介绍信的结构

1. 标题

在便笺上方居中写“介绍信”三个字。

2. 受信单位名称

在标题下一行从左边顶格写受信单位名称，其后加上冒号。介绍信必须写对方单位的名称，否则就反映不出介绍的对象，影响办事效果。

3. 正文

介绍信正文内容简单，通常不分段。在受信单位名称下方另起一行，空两格开始写有关内容，包括持介绍信者的姓名、年龄、政治面貌、职务或职称等，需要联系办理的事务及向对方提出的希望。

4. 祝语

在正文下一行空两格写“此致”，再下一行顶格写“敬礼”，表示对对方的感谢。如果使用受文单位在文尾的格式，则“此致”的下一行要顶格书写受文单位的名称。

5. 落款

在正文右下方写出具介绍信的单位全称，另起一行注明日期并加盖公章。如果是重要的介绍信，还要注明该介绍信的有效期限，并在期限上面加盖公章。

例文解析

【例文】

介　绍　信

××会计师事务所：

兹介绍我院××同志等×人，前往贵处进行为期一周的考察，望接洽为盼。

此致

敬礼

×××学院

××××年××月××日

（有效期限×天）

评析

这则介绍信语言简明扼要，内容一目了然。

（三）介绍信的写作要求

1. 身份真实

介绍信要写明被介绍人的真实姓名和身份，不得冒名顶替。

2. 专信专用

一份介绍信只用于联系一个单位，不可将盖有公章的空白介绍信发给外出人员自行填写。

3. 简明扼要

接洽和联系的事项要写得简明扼要，尽可能用一句话概括，与此无关的内容不写。

4. 工整清晰

书写要工整清晰，不得随意涂改。如有涂改，需在涂改处加盖公章。

四、证明信

（一）证明信概述

1. 证明信的概念

证明信是以行政机关、社会团体、企事业单位或个人的名义实事求是地证明某人身份、职务、经历或有关事情的真实情况时所使用的一种专用书信。证明信强调的是证据确凿，确有其事。出具证明信的单位或个人一定要严肃认真，提供事实情况，对所证明的人或事负责，使证明信具有凭证的作用。

2. 证明信的类别

证明信从开具证明者的角度，可分为组织证明信和个人证明信两类。

（1）组织证明信多是证明某人曾在或正在该单位工作。它可以证明某人的身份、担任的职务、经历以及与单位相关的真实信息。有关材料一般来自该单位的档案，或经过调查研究取得。以组织名义所发的证明信可采用普通书信形式，也可用留有存根的印刷式。

（2）个人证明信由个人依据事实书写，证明信的内容的真实性完全由个人负责。

（二）证明信的结构

1. 标题

“证明信”三个字在第一行居中。

2. 接受证明的单位名称

在标题下一行顶格书写接受证明的单位名称，名称后面加冒号。个人外出携带的证明信可以不写此项。

3. 正文

正文写证明的内容，在接受证明的单位名称下另起一行，空格写起。外出携带的证明要写明外出人员的姓名、性别、年龄、职业、职务、外出事由等。以组织名义和个人名义出具的证明，都要针对对方所提出的具体事项和要求写。

4. 结尾

结尾一般应紧接正文之后，或另起一行缩两格写“特此证明”或“此致敬礼”。

5. 落款

最后在正文的右下方署名，署名的下方写日期，加盖公章、私章，或按手印。必要时在左下方末尾处注明有效期。

例文解析 

【例文】

证 明 信

××燃气公司：

贵公司的×××同志，××××—××××年在我院工作，曾在××××年、××××年被我院评为“先进工作者”。

特此证明。

××研究院

××××年××月××日

评析

这是一份以单位的名义写的个人工作经历的证明，它清楚地表明了这位同志获得的荣誉的真实性。

（三）证明信的写作要求

1. 表明态度，加盖公章

以个人名义出具的证明，所在单位组织需签署意见，应对写证明信人的身份进行认定，并对证明材料表明态度。若对证明材料熟悉，可表示肯定或否定；若对证明材料不太熟悉，可注明“仅供参考”。然后写上单位名称和日期，并加盖公章。

2. 实事求是，言之有据

写证明信应实事求是，言之有据，高度负责。内容如有引用，要注明出处。

3. 字迹清晰，语言确切

写作时应字迹清楚，若有修改，要在修改处盖章。使用的语言要确切，不能模棱两可、似是而非。若是有纠正的地方，要在涂改处加盖图章或指印。

五、倡议书

（一）倡议书概述

1. 倡议书的概念

倡议书是个人或集体提出建议并公开发起，希望他人响应，以共同完成某项任务或开展某项公益活动所运用的一种专用书信。倡，带头发动；倡议，首先建议和发起。

2. 倡议书的类型和发起方式

倡议书有个人发起和集体发起两种类型。但不论哪种类型，都不是面向一个人、一个集体或一个单位，而是面向一个部门、一个地区、一个系统，有的甚至是面向全国、全世界。

3. 倡议书的作用

倡议书具有广泛发动群众，调动集体和大多数人的力量、热情、智慧，团结互助，群策群力，共同奋斗的作用，也是贯彻上级组织和有关领导指示精神的一种有效方法。

（二）倡议书的结构

倡议书由标题、称谓、正文、结尾、落款五部分组成，写作格式和一般书信相似。

1. 标题

标题可直接在第一行正中写上“倡议书”字样，也可在“倡议书”三字前概括倡议的内容，如“广泛开展群众性的春季植树造林活动的倡议书”。

2. 称谓

根据接受倡议的对象选用适当的称谓，如“同志们”“同学们”“妇女姐妹们”等；也有的开头不写称谓，而在正文中指明。

3. 正文

正文是倡议书的主要部分，写倡议的背景、对象、目的、内容、意义和要求。

4. 结尾

结尾要表示倡议者的决心、希望以及建议。

5. 落款

落款写倡议者的名称或姓名，以及发起倡议的日期。

例文解析

【例文】

倡　议　书

老师们、同学们：

爱护环境、珍惜人类生存和发展的空间是现代人必备的基本素质，也是每一个公民义不容辞的责任。为进一步推进我院的环境教育工作，增强学生的环保意识，培养师生良好的环境道德和行为习惯，我院将创建绿色学院作为本学期的工作重点。为此我们倡议：

一、积极参与学院开展创建绿色学院的相关活动，将环境教育普及、深化下去，把绿色希望带入未来的生活。

二、努力学习环保知识，在学院内外做好环保宣传工作，参与社区的环保实践和监督工作。

三、从我做起，从现在做起，从身边小事做起。提倡绿色生活，节约资源，减少污染，回收资源，绿色消费，支持环保；真正做到珍爱生命，不毁坏花草树木；不吸烟、不乱丢杂物垃圾；不用一次性碗筷、少用难降解的文具；支持垃圾分类回收工作。

评析

本篇倡议书一开始就提出了此次倡议的目的，后面倡议的具体内容条理非常清晰，语言也十分简明。

四、积极、认真参与校园以及居住社区、公共场所的绿化、美化、净化，清除或有意识地控制日常生活中产生的污染的相关工作。

五、树立正确的环境价值观和环境道德风尚，肩负起环保责任，促进社会、经济和环境的可持续发展。

老师们、同学们，关注我们的地球家园，关心我们的校园，展开绿色行动，倡导绿色文明是时代对我们提出的新要求。让我们携起手来，积极投入学院创建绿色学校的活动中，让我们的校园永远沐浴在绿色的阳光中，让我们为社会与环境的可持续发展做出贡献。

××职业技术学院

××××年××月××日

（三）倡议书的写作要求

写倡议书，所倡议之事必须是对国家、对人民有利的好事，这样才会有广泛的群众基础。所提的倡议又必须是简便易行的，这样才能吸引更多的人响应。因此，写作倡议书时应注意以下几点。

（1）倡议书的内容要切实可行，并且不违背国家的方针、政策。

（2）发倡议的背景、目的要写清楚，理由要充分。

（3）倡议书的措辞要恳切，情感要真挚，同时要富有鼓动性。

（4）倡议书的篇幅不宜太长。

六、建议书

（一）建议书概述

1. 建议书的概念

建议书是个人、单位针对某一问题或情况向领导、集体或他人陈述自己的看法，提出某种积极有益的主张或建议时使用的一种文体，也叫意见书。建议书是群众向领导和组织提出自己主张的重要手段，是沟通党群、干群、上下级关系的重要渠道。

2. 建议书的特点

（1）建议书是向有关部门或上级领导提建议时使用的一种书信。它没有公开倡导、具体实施的作用，只是提出一种想法，其中心思想是作为一种设想而存在的。

（2）建议书必须被有关部门、领导批准认可后才能被实施，所以建议书具有较强的可塑性，它可以被修改、被增删，甚至被弃之不用，这要由具体的情况来定。

3. 建议书的作用

（1）建议书是党的群众路线的一种很好的体现，它增强了人民群众对建设社会主义祖国的热情和责任感。

（2）建议书可以充分调动各方面的积极因素，集中广大群众的智慧，推动工作更好、更顺利地开展。

（二）建议书的结构

建议书的形式是多种多样的，没有固定的统一的格式。一般说来，建议书由以下几部分组成。

1. 标题

标题可写成“建议书”或“建议”，也可以不写。

2. 称谓

称谓是建议书的开头部分，顶格写明接受建议书的一方的名称，格式与书信相同。

3. 正文

先写建议的原因或建议的出发点，便于接受建议的一方联系实际，考虑建议的可行性。接下来写出建议的具体内容，根据内容的多少决定是否分条写出。内容要具体，以便接受者考虑是否采纳。

4. 结尾

结尾要写上表示敬意或称颂的话。

5. 落款

署名写上提建议人或单位名称，日期写在署名下面一行。

例文解析

【例文】

建　议　书

院领导：

每周星期一上午7：45，全院师生都集中到学校大操场举行升旗仪式。随着雄壮的国歌声，鲜艳的五星红旗冉冉升起，我们每个人为能生活在这样的国度感到无比骄傲和自豪，这是我们接受爱国主义教育的最好时机。然而，学院选派的升、护旗手在升旗过程中动作不规范、步伐散乱的状况与升旗庄严肃穆的氛围很不协调。我们认为造成这种现象的原因是选派的升、护旗手缺乏必要的责任心和严格的训练。因而，我们向学院领导提出如下建议。

评析

这份建议书建议事项明确，内容具体、突出，语言简明，条理清晰，具有较大的参考价值。

一、学院学工部加强对升、护旗手的纪律教育和革命传统教育。

二、聘请武警官兵来校，严格训练升、护旗手，从而规范他们的步伐和动作。

三、对全院师生进行礼仪教育和爱国主义教育。

尊敬的学院领导，为了使我院的升旗仪式更加庄重、严肃，为了使所有升、护旗手的动作更加规范，请考虑一下我们的建议和请求吧！

××系××班

××××年××月××日

（三）建议书的写作要求

1. 实事求是

写建议书要从实际出发，实事求是；要根据具体问题、实际需要和可能条件来写，不能说空话、套话，要切实可行。

2. 掌握分寸

写建议书要有分寸，说话不能过头，不提过高要求；不用过激的语言强迫对方来接受建议。

知识链接

建议书与倡议书的区别

建议书和倡议书不同。倡议书中虽然也有建议，但它一般是面对群众的，带有一定的号召力，具有广泛的群众基础；建议书主要是个人向组织或下级向上级提出的一些积极的想法、主张，并希望组织或上级采纳。

第四节 婚庆类文书

中国自古就是礼仪之邦，很注重礼尚往来，礼仪文书便应运而生。礼仪文书包括贺卡、请柬、名片、祝贺信、喜报、祝酒词、祝寿词、婚礼主持词、婚礼祝词、礼笺、对联等。本节主要介绍请柬、婚礼主持词和婚礼祝词。

一、请柬

结构模板

项目	要点
标题	请柬
称谓	如是单位，需要写全称；如是个人，可于姓名后缀职务、职称或“先生”“女士”
正文	交代具体时间、地点、活动或会议的主题
结尾	表示敬意或邀请的礼貌用语
落款	签署发文单位名称或个人姓名，标明年月日
附言	视情况而定

（一）请柬概述

1. 请柬的概念

请柬的“请”是“邀请”的意思；“柬”通“简”，是信件、名片、帖子的统称。请柬也称请帖，是机关、团体或个人邀请有关人员参加庆典、会议或某些重要活动时发出的礼仪性应用文书。

2. 请柬的特点

（1）确指性。请柬发送的对象是特定的单位或个人。

（2）礼仪性。请柬具有表达尊重、联络感情等意味，具有礼仪性。

（3）精美性。请柬除文字外，往往配以图案、花纹，使其美观，具有精美性。

（二）请柬的结构

1. 封面

在适当的位置标明“请柬”字样作为标题。“请柬”二字一般标于经过艺术加工、美观庄重的信柬封面之上。

2. 封里

请柬的封里一般由标题、称谓、正文、结尾、落款、附言几部分构成。

（1）标题。标题写上“请柬”二字。

（2）称谓。顶格写被邀请的对象。如是单位，需要写全称；如是个人，可于姓名后缀职务、职称或“先生”“女士”。

（3）正文。另起一行空两格书写，一般用“兹定于”“谨定于”等开头，交代具体时间、地点、活动或会议的主题。

（4）结尾。在正文之后或换行写上表示敬意或邀请的礼貌用语，如“敬请光临”

“恭候光临”“恭候大驾”“届时敬请莅临”等。

（5）落款。签署发文单位名称或个人姓名，标明日期。

（6）附言。这部分可视情况而定。有的要求收件方做出回复，如“能否莅临敬请回电”；有的写附件，如“附参观券两张”；有的限定人数，如“此柬仅用于被邀请者本人”等。

例文解析

【例文】

请　柬

尊敬的××大学×××校长：

兹定于××××年××月××日在市政府3号楼三楼会议室举行区域高等教育产学研合作联盟洽谈会，届时敬请光临。

××市人民政府

××××年××月××日

评析

这是一则邀请对方参加区域高等教育产学研合作联盟洽谈会的请柬，时间、地点具体明确，内容简练，语言谦恭得体。

（三）请柬的写作要求

1. 措辞要得体

措辞要与邀请对方参与的活动风格相适应，要求文辞典雅，宜用谦敬、期盼性语言，以表诚邀之情。

2. 要素要齐全

邀请单位或个人的称谓、活动时间和地点不可缺少。

知 识 链 接

邀　请　函

邀请函与请柬相似，是指单位、团体或个人邀请有关单位或人员出席重要会议、典礼或活动所用的礼仪信。但邀请函的信息量比请柬要大，适用范围更广，而请柬比邀请函庄重、典雅，表达的礼仪、情感色彩更浓一些。

二、婚礼主持词

结构模板

项目		要点
标题		婚礼主持词
称谓		尊敬的各位来宾，女士们、先生们
正文	前言	包括三部分
	主体	交代新人入场、新人表白、交换信物、行结婚大礼、新人发言、证婚人证婚、重要人物致辞、新郎新娘表演节目、切婚礼蛋糕、开启香槟、新人喝交杯酒等环节
	结尾	再次对新人进行祝贺，宣布婚宴开始

（一）婚礼主持词概述

1. 婚礼主持词的概念

婚礼主持词是指婚礼主持人用于结婚典礼进行过程中串联各个环节的串联词。如果是婚庆公司主持，婚礼主持词也就是司仪台词。在婚礼现场，主持人在台上所讲的主持词则是婚礼的灵魂之所在。

2. 婚礼主持词的特点

（1）热烈性。婚礼主持词要热烈奔放，要注意体现时代精神，用语高雅、风趣，格调、语言避免低俗。

（2）抒情性。婚礼主持词不仅要反映婚礼的喜庆与隆重，还要通过婚礼去体现人生的意义，抒发对爱情、婚姻、家庭的诸多感情。

（二）婚礼主持词的结构

婚礼主持词是婚礼主持人或婚礼司仪必须要准备的。尽管由于区域、城乡等的不同，婚礼流程有所不同，但婚礼主持词大致包括标题、称谓、正文三部分。

1. 标题

标题通常在第一行的居中位置写“婚礼主持词”字样，也可以在文种前加上新人的姓名。

2. 称谓

顶格写称谓。通常写“尊敬的各位来宾，女士们、先生们”等。

3. 正文

（1）前言。前言包括三部分：烘托气氛的引言、向婚礼来宾表示欢迎和感谢、宣布婚礼开始。

（2）主体。主体主要撰写以下环节（根据需要，内容可以择取，次序可以调整）：简要向来宾介绍两位新人的姓名、工作单位、相关表现及结合的意义；新郎、新娘分别向对方进行爱的宣誓及交换信物；行中国传统的结婚仪式，包括拜天地、拜高堂、夫妻对拜和新人向全体来宾鞠躬（这些写法有固定的模式，但在语言表述方面，为促进婚礼进入高潮，可在和新人沟通后进行灵活处理）；新郎或新娘致辞，证婚人证婚，重要人物致辞；切婚礼蛋糕，开启香槟，新人喝交杯酒。

（3）结尾。再次对新人进行祝贺并宣布婚宴开始，新郎、新娘开始敬酒。

例文解析

【例文】

婚礼主持词

各位来宾，各位女士、各位先生，大家好！

秋风送爽，歌声嘹亮，金风送喜，喜气洋洋。在这美好的日子里，在这温馨浪漫的时光，我们欢聚一堂，共同迎来了一对情侣×××先生和×××小姐幸福的结合。

秋天是一个收获的季节，而今天一对新人将在这里放飞希望，融为一体。从今天起，他们将共同培育爱情的常青树，共同分享人生的幸福果。很荣幸能够接到新郎新娘的委托，为他们主持今天的新婚大典。在这里，首先请允许我代表二位新人以及他们的家人对各位来宾的光临表示衷心的感谢和热烈的欢迎！

有道是：天搭鹊桥，人间巧奇，一对鸳鸯，恰逢新禧，花开成双，喜结连理，甜甜蜜蜜，百年夫妻。这正是，天喜，地喜，人也喜。物喜，事喜，样样喜。不到不喜，一到就喜，再到再喜，越到越喜，喜喜欢欢，欢欢喜喜。是你喜，我喜，他也喜，男女老少一块喜，里喜外喜处处喜。祝愿新娘新郎喜上眉梢，喜笑颜开，喜从天降。

朋友们，看今日，树上喜鹊叫喳喳，一对新人喜成家，郎才女貌结姻缘，堂前盛开并蒂花。现在，吉时已到，我宣布×××先生、×××小姐结婚典礼现在开始。鸣炮奏乐，迎新人！请朋友们掌声欢迎！

带着款款的情，含着深深的意，一对新人手挽手，肩并着肩，缓缓向我们走来。他们怀着喜悦的心情，走入这幸福的时刻。他们彼此注视的眼眸仿佛告诉对方，我把真心交给了你，我把真爱交给了祝福。在此，让我们用掌声向一对新人表示诚挚的祝福！祝福他们甜甜蜜蜜，恩恩爱

评析

婚礼主持人掌握着婚礼的节奏与格调。恰当得体而又充满才气的婚礼主持词能够让来宾更好地进入婚礼的氛围中。这份婚礼主持词包括致欢迎词、新娘新郎入场、重要人物婚礼致辞、新人拜堂、喝交杯酒、切蛋糕等环节，思路清晰，感情真挚，具有时代气息。

爱，地久天长！

站在我身边的新娘子，是一席婚纱，亭亭玉立，白里透红，与众不同，身形苗条似仙女，风姿翩翩似鹤翔，有如出水芙蓉娇艳美，赛过五彩的金凤凰。而我们的新郎是英俊潇洒、相貌堂堂、浓眉大眼、落落大方。他们往这儿一站，是天生一对，地配一双，一个飘逸，一个温柔，我想，这就叫作“飘柔二合一吧”！

从一见钟情到海誓山盟，从情投意合到心心相印，月亮为他们做证，花儿为他们绽放。今天，就让我们再以天地为公，以亲朋为证，共同祝福一对新人的美满姻缘。

现在请证婚人证婚。

现在请新郎、新娘的双方代表致主婚词。

现在请新郎新娘致答谢词。

新郎你幸福吗？新娘你呢？你们认为谁最幸福？其实还有四位老人他们也很幸福。是啊，儿女大了，爸妈老了，儿女笑了，爹妈累了，看着你们的今天，想想你们的过去，父母很幸福，也很欣慰。古语说得好：树高千尺，叶落归根。你们能有今天的幸福，不能忘记父母的养育之恩。那么首先向父母三鞠躬。一鞠躬，祝二老永远快乐；二鞠躬，祝二老永远健康；三鞠躬，祝二老永远幸福。

在座的各位嘉宾朋友，平日里少不了你们的关心和厚爱，今后还请多多关照！在这里也向你们三鞠躬。一鞠躬，祝大家笑口常开；二鞠躬，祝大家好运常来；三鞠躬，祝大家都发大财。最后提醒一句，别忘了把红包留下来！

夫妻对拜，请四目相对，含情脉脉，暗送秋波，唰唰放电，准备（模拟声响，放电 10 秒）：一拜互敬互爱白头偕老；二拜工作学习争分夺秒；三拜尊老扶幼越过越好！

俗话说得好，两人结伴世间走，锅碰勺子经常有，幸福长久不长久，堂前请喝交杯酒。现在请新郎新娘互敬交杯美酒。交杯酒情意长，祝福新郎和新娘。交杯酒两人端，挽起胳膊一起干，一二三，干！这杯酒你喝一口，幸福的日子天天有；这杯酒你喝一杯，喝完一块比翼飞；这杯酒你喝下肚，夫妻和睦，真爱永驻！

（开香槟酒，然后新娘新郎互敬美酒）配乐朗诵《我愿意是急流》，自选一小段，配舒伯特小夜曲。

现在，由新郎和新娘以及他们的父母大人的代表共切百年好合的蛋糕。（来宾齐唱《甜蜜蜜》）

全场齐唱拍手歌：如果感到幸福你就拍拍手，啪啪；如果感到幸福你就拍拍手，啪啪；如果感到幸福你就亲亲她（新郎吻新娘），啪啪。各位来宾，让我们高举酒杯，让我们共同祝愿，愿这对新人在天愿做比翼鸟，在地愿为连理枝，相爱永久，相伴永久，幸福到永久。祝酒歌响起，请新郎新娘入席。

（三）婚礼主持词的写作要求

1. 雅俗有度

婚礼主持词要注意体现时代精神，用语高雅，避免低俗。

2. 情真意浓

婚礼主持词要兼顾爱情、亲情、友情，并且将这三者贯串始终，融为一体，做到情真意浓。

3. 张扬个性

根据新人的特点，有针对性地设计出个性鲜明、风格各异的婚礼主持词，使婚礼在形式及内容上突出新人的特色和个性。

4. 详略得当

婚礼主持的时间一般控制在 20 ~ 30 分钟为宜。在程式和环节方面，要根据具体情况予以把握，做必要的取舍。

知 识 链 接

婚礼演变

相传，中国最早的婚姻关系和婚礼仪式是从伏羲氏制嫁娶、女娲立媒妁开始的。《通鉴外纪》载："上古男女无别，太昊始设嫁娶，以俪皮为礼。"从此，俪皮（成双的鹿皮）就成了经典的婚礼聘礼之一。之后，除了"俪皮之礼"之外，还得"必告父母"；到了夏商，又出现了"亲迎于庭""亲迎于堂"的仪节。周代是礼仪的集大成时代，彼时逐渐形成一套完整的婚姻礼仪。《仪礼》中有详细规制，整套仪式合为"六礼"（六礼指的是纳采、问名、纳吉、纳征、请期、亲迎），与"三书"（即聘书、礼书和迎亲书）一起被合称为"三书六礼"。六礼婚制从此成为华夏传统婚礼的模板流传至今，后世历朝历代的婚制多数是在此基础上加以变化而来的。现代中国的婚礼结合了中国传统以及西方的元素。公民结婚仪式实际上只是到地方政府进行结婚登记，并没有太多的程序，但喜宴往往举办得比较盛大。喜宴地点一般选在饭店，主要程序有新人入场、新人表白、交换信物、行结婚大礼、新人发言、证婚人证婚、重要人物致辞、新郎新娘表演节目、切婚礼蛋糕、开启香槟、新人喝交杯酒、全家福合影和新人敬酒等。

三、婚礼祝词

结构模板

项目		要点
标题		婚礼祝词
称谓		尊敬的各位来宾，女士们、先生们
正文	引语	在烘托氛围的话语之后表明自己的身份及代表谁祝词
	主体	对新人做简要介绍；简要评价新人的结合；对新人提出希望
	结尾	祝愿语，再次表示祝贺
落款		标明日期，也可不写

（一）婚礼祝词概述

1. 婚礼祝词的概念

婚礼祝词指嘉宾或相关亲朋在结婚典礼上对新人表示祝贺和提出希望的致辞。

2. 婚礼祝词的特点

（1）祝贺性。婚礼祝词主要是代表单位或个人对新人表示祝贺，故用语要热烈奔放。

（2）期望性。婚礼祝词在评价新人结合的同时，还要对新人婚后的家庭生活、孝敬双方父母和努力工作方面提出希望。

（二）婚礼祝词的结构

婚礼祝词一般由标题、称谓、正文、落款组成。

1. 标题

标题在首页正中书写，一般由祝词场合和文种两部分构成，如“在×××女士、×××先生婚礼上的祝词”。

2. 称谓

顶格写称谓。称谓一般用泛称，如“各位女士、各位先生”。为了表示热情和亲切、友好之意，称谓前面可以加修饰语“亲爱的”“尊敬的”“尊贵的”等。

3. 正文

（1）引语。在烘托氛围的话语之后表明自己的身份及代表谁祝词。

（2）主体。对新人做简要介绍；简要评价新人的结合；对新人提出希望。

（3）结尾。祝愿语，再次表示祝贺，收束全文。

4. 落款

落款标明日期，可不写。

例文解析 

【例文】

在×××女士、×××先生婚礼上的祝词

尊敬的各位来宾，女士们、先生们：

大家好！

在这天赐吉祥、喜庆安乐的日子里，一对情侣×××先生和×××女士携手步入婚姻的殿堂。在此，我谨代表新郎的工作单位××，向两位新人表示热烈的祝贺和衷心的祝福！

新郎×××是我院办公室职工，他思想上进、踏实厚道、勤奋努力，是一位有事业心和责任感的青年才俊；新娘×××是××市第二人民医院职工，她美丽善良、热情大方、温柔贤惠、气质高雅，两人的结合是郎才女貌、珠联璧合、佳偶天成。

两位新人从相爱到喜结良缘，建立了深厚的感情。两人的结合，既是爱情交响乐的延续，又是新的责任和理想的开始。借此机会，我讲三点希望：

一要孝敬父母。百善孝为先，希望你们常回家看看，孝敬双方父母，以此作为立身之本。

二要互敬互爱。家和万事兴，希望你们在生活中互谅互让，用心去经营爱情、经营婚姻、经营家庭，以此作为立家之本。

三要勤奋工作。志当存高远，希望你们以新婚之喜为契机，在今后的工作和生活中互相支持，志存高远，刻苦钻研，勤奋努力，回报父母和社会，以此作为立德之本。

最后，让我们再次祝愿两位新人永结同心，白头偕老，幸福万年长！

谢谢大家！

评析

标题由祝词场合和文种组成。

称谓用泛称。

引语简洁。

对新人做简要介绍，简要评价新人的结合。

从孝敬父母、互敬互爱、勤奋工作三方面对新人提出希望。

（三）婚礼祝词的写作要求

1. 主旨鲜明

婚礼祝词要短小、精练、炽烈，做到主旨鲜明、集中。

2. 富有感染性

婚礼祝词属于演讲词的范围，感情要真挚热烈，富有感染性，充分表明对新人的祝贺和希望。

第五节　哀祭类文书

传统礼仪的重要内容之一是殡葬礼仪。礼仪文书包括讣告、悼词、唁电、挽联、祭文、碑文等哀祭类文书。本节主要讲讣告和悼词。

一、讣告

结构模板

项目		要点
标题		讣告
正文	前言	写清楚去世者的姓名、身份、去世原因、去世地点、终年岁数
	主体	重要人物、知名人士的事迹可以概括叙述，普通人则略写或不写
	结尾	特此讣告
	附言	开追悼会或举行遗体告别仪式的时间、地点
落款		发出单位、个人名称或治丧委员会名称，并标明日期

（一）讣告概述

1. 讣告的概念

讣告也称讣闻、讣文，“讣”是报丧之意，也就是将某人的死讯予以告知。讣告是机关、企事业单位或个人将某人过世的消息向死者的亲朋好友及相关人士发出的一种告知性应用文。讣告通常由死者的亲属、工作单位或治丧委员会发出。

讣告可以分为三种：一是一般性讣告，通常印刷或书写张贴或发送，也可登报；二是新闻报道式讣告，适用于有一定知名度的逝世者，以“新华社电”“本报讯”等形式在报纸上刊登，也可以在电视新闻、广播中播出；三是公告式讣告，党和国家领导人逝世后，通常要用公告的形式在新闻媒体上公布。

2. 讣告的特点

（1）发布及时性。讣告一般要在遗体告别仪式之前或丧礼举办前尽快发出，以便死者的亲友做好必要的安排和准备，如准备花圈、挽联等。

（2）方式多样性。讣告的发布方式可根据具体情况选择，可以公开张贴，可直接投送相关人士，也可以通过报纸、网络等新闻媒体向社会公布。

（3）内容庄重性。讣告要体现出沉痛之情，印刷或书写要用白纸黑字，如果登报要加黑边。

（二）讣告的结构

讣告一般由标题、正文、落款组成。

1. 标题

分类不同，标题格式不同。一般性讣告通常在第一行的居中位置写“讣告”两字；新闻报道式讣告一般在文种前加上死者姓名；公告式讣告一般由发文单位、团体名称和文种构成，也可以写成“告全国人民书”。

2. 正文

（1）前言。写清楚去世者的姓名、身份、去世原因、去世地点、终年岁数等。

（2）主体。重要人物、知名人士的事迹可以概括叙述并做简要评价，普通人则略写或不写。

（3）结尾。正文末尾下一行左空两格写“特此讣告”等。公告式讣告结尾往往写“伟大的×××家×××同志永垂不朽”。

（4）附言。开追悼会或举行遗体告别仪式的时间、地点。若不开追悼会或不举行遗体告别仪式，也要写明。

3. 落款

落款写讣告的发出单位、个人名称或治丧委员会名称，并标明日期。

例文解析

【例文】

×××同志讣告

原××省林业学校党委书记、副地级离休干部×××同志，因病医治无效，于2013年4月15日19时10分逝世，享年89岁。

×××同志追悼会将于2013年4月17日上午9时整在××市殡仪馆举行。

特此讣告。

×××同志治丧委员会

××××年××月××日

评析

这是一则一般性讣告。标题是在文种前加去世者姓名。全文内容准确，行文简洁。

（三）讣告的写作要求

1. 内容要准确

去世者过世的时间、地点及相关仪式等不能出现错漏；去世者的生平事迹要叙述准确，不能虚假。

2. 语言要简练

讣告语言要高度概括，简明精练。

知识链接

讣告的历史渊源

讣告即讣文、讣闻，是报丧文书，是中国传统社会传递死亡消息的文书。“讣”通“赴”，即报丧。死亡是人生中的大事，死讯要迅速地告诉亲近的人，所以上古都用“赴”字，取急疾之意（又，春秋时，各国将丧亡祸福等事告诉别国，凶事叫赴，其他事叫告，后来发展为“讣告”）。如《礼记·檀弓》“伯高死于卫，赴于孔子”，意思就是高死在卫国，（别人）急忙向孔子报丧。旧时讣闻一般列具死者的职衔、生卒年月、享年若干之后，即将开吊、出丧日期及墓地所在一一通知，五服之内亲属依次具名于末。上述顺序和用语皆有固定程式。也有将死者的行状附在后面的。《红楼梦》第十三回：“择准停灵七七四十九日，三日后开丧、送讣闻。”《二十年目睹之怪现状》第二回：“这讣闻居然是大大方方的，期功缌麻，一点也没有弄错。”萧乾《一本褪色的相册》：“他最厌恶白的讣闻和红的喜帖。”不管历史如何变迁，讣告表现的都是对死者的敬意，缅怀的是逝去的生命。

二、悼词

结构模板

项目		要点
标题		悼词
称谓		各位亲朋
正文	引语	表明召开追悼会的原因，写清逝者的职务、职称，简要概述逝者过世时间、地点、原因和终年岁数
	主体	介绍逝者的人生历程，也就是生平，包括出生年月、籍贯、学历及业绩、道德人品、功德业绩和人生价值等
	结尾	×××同志永垂不朽
落款		一般只标明日期

（一）悼词概述

1. 悼词的概念

悼词是一种对去世者进行祭奠悼念、寄托哀思、追述逝者生平、缅怀其道德人品和功德业绩，并激励生者的一种祭吊性应用文。悼词就是古时的“祭文”。

2. 悼词的特点

（1）沉痛性。对逝者表示沉痛哀悼，寄托哀思，表示怀念。

（2）激励性。通过缅怀逝者的人生历程、道德人品、功德业绩和人生价值，激励生者化悲痛为力量，面对现实，积极生活。

（二）悼词的结构

悼词一般由标题、称谓、正文、落款组成。

1. 标题

标题由逝者姓名和文种构成，如“在×××同志追悼大会上的悼词”；也可以直接写文种，如“悼词”。

2. 称谓

顶格写称谓。一般直接写“同志们”或“各位亲朋”等。

3. 正文

（1）引语。引语要表明召开追悼会的原因，尽可能全面、准确地说明逝者的职务、职称，然后简要概述逝者过世的时间、地点、原因和终年岁数。

（2）主体。主体先承接引语介绍逝者的人生历程，也就是生平，包括出生年月、籍贯、学历及业绩等，集中介绍其对国家和人民的贡献。然后缅怀逝者的道德人品、功德业绩和人生价值，集中介绍其为后人树立的榜样。

（3）结尾。结尾要写明生者对逝者的悼念，对逝者家属的慰问，激励生者化悲痛为力量，学习其榜样，发扬其精神，继承其事业，更好地生活。最后，常用“×××同志永垂不朽”“×××同志安息吧”等结束。

4. 落款

落款一般只标明日期。

例文解析

【例文】

在×××同志追悼会上的悼词

各位领导、同志们：

今天，我们怀着极其沉痛的心情，送别副地级离休干部、原×××省林业学校党委书记×××同志。×××同志因病医治无效，于2013年4月15日19时10分逝世，享年89岁。×××同志，1925年12月出生于河北省深县（今深州市），1937年参加革命，1942年12月加入中国共产党。自参加革命后，历任××县一区儿童团团长，青救会、抗联会干部，××六分区情报员，三分区、七分区宣

评析

标题由姓名和文种组成。

交代召开追悼会的原因。

传干事、助理员。1945 年 12 月参军，历任×××三纵教导团三营九连、×××军区独二军后勤部修械所指导员，×××军区独二军政治办公室组织股副股长、股长，×××军区独一师政治部组织股股长，独一师调二团二营教导员等职务。1955 年 11 月转业地方工作，历任××省林业局办公室主任、×××林业局副局长、×××林业局局长、××省畜牧研究所主任等职务。1980 年调任××省林业学校党委书记。1985 年 12 月离休。1991 年 12 月经××省老干部局批准，享受副地级待遇。

简要概述×××同志的生平。

×××同志在党的培养教导下，由一名普通的农家子弟成长为一名领导干部。他的一生是革命的一生、艰苦奋斗的一生。在抗日战争和解放战争的枪林弹雨中，他不怕牺牲，把自己最美好的青春献给了党，献给了民族的独立和人民解放事业。在艰苦的生活和工作中，他锻炼铸就了坚定的革命意志和毅力，养成了高尚的革命情操和优秀品德。参加革命工作几十年来，多次变动工作岗位，他都积极愉快地在条件艰苦的林区工作。作为党的一名干部，他坚决执行党的路线、方针、政策，始终保持共产党员的优秀品质，对待工作兢兢业业、勤勤恳恳、任劳任怨。特别是到××省林业学校任党委书记后，他以高度负责的精神，尽职尽责，为学校的发展做出了贡献。作为一名老党员，他有着很强的党性观念，政治坚定，具有较强的革命事业心和政治责任感。他模范地遵守党章和党内政治生活准则，原则性强，作风扎实，为人正派；他密切联系群众，谦虚谨慎，严于律己，艰苦朴素，一生简朴。离休后，他始终关心着学校发展，坚持参加党的组织生活，始终保持一名共产党员的政治本色。

缅怀×××同志的道德人品、功德业绩和人生价值，集中介绍其为后人树立的榜样。

生活中，他是一位受人尊敬的长者，是一位慈父，为人谦和，与人为善。在各个时期，他在不同的工作岗位上扶弱助贫，解决同事困难，深受群众爱戴和尊敬。在家庭里，他严慈有度，言传身教，教育有方，抚育培养子女健康成长。他优秀的品德和高尚的情操值得子女铭记，值得后人学习。

×××同志安息吧！

（三）悼词的写作要求

1. 内容要真实

写作悼词前要明确逝者的简历、去世时的情况等，不可出现不实信息。

2. 用语要准确

悼词的语言要准确、简练、严肃、凝重。逝者去世的时间要详细、精确，以体现对逝者的哀悼。

实战演练

1. 阅读以下材料，参照第四节“婚庆类文书”的例文，各写一份请柬、一篇婚礼主持词、一篇婚礼祝词。

男方王鹏是A市师范大学教师，女方李霞是A市教育局职工，二人定于2019年元旦在A市新港湾大酒店结婚。现需给A市师范大学校长写一份请柬，给司仪写一篇婚礼主持词，给A市教育局局长写一篇婚礼祝词。

【写作提示】结合以上内容，模拟真实情境书写。请柬写作要文辞典雅；婚礼主持词写作要情真意浓；婚礼祝词写作要富有感染力。

2. 阅读以下材料，参照第五节“哀祭类文书”的例文，各写一篇讣告和悼词。

2005年10月17日19时06分，中国一代文学巨匠巴金在上海逝世，享年101岁。

巴金，1904年11月25日出生在四川成都正通顺街，原名李尧棠，字芾甘，无党派；1921年肄业于成都外语专门学校；1923年到上海，后考入南京国立东南大学附中；1925年毕业；1927年旅居法国；1928年年底回国，曾任上海出版社、平明出版社总编辑，《文学季刊》编委；1934年到日本；1935年回国，在上海任文化生活出版社总编辑，出版《文化生活丛刊》《文学丛刊》《文学生活小丛刊》；1936年与靳以创办《文学月刊》；抗日战争时期，与茅盾创办《烽火》，任中华全国文艺界抗敌协会理事。

1950年后，历任上海市文联副主席、主席，政务院文化委员会委员，华东军政委员会文化教育委员会委员，中国文联副主席，中国作家协会副主席、代主席、主席，中国作家协会上海分会主席，上海市政协副主席，《文艺月报》《收获》《上海文学》主编，茅盾文学奖委员会主任委员，中华文学基金会会长，中国田汉基金会名誉理事长；1983年、1988年当选为第六、七届全国政协副主席；1993年3月当选为第八届全国政协副主席；1996年12月当选为中国作家协会第五届委员会主席；1998年3月当选为第九届全国政协副主席；2001年12月当选为中国作家协会第六届委员会主席；2003 年 3 月，当选为第十届全国政协副主席，是一至四届全国人大代表，第五届全国人大常委会委员。巴金于 1999 年 2 月因感冒发高烧，6 年多来，病情反反复复，党和国家尽全力救治，终因恶性间皮细胞瘤等病因，不幸逝世。

【写作提示】讣告写成公告式，语言要高度概括，表述要庄重；悼词内容要绝对真实，用语要准确。

参 考 文 献

[1] 黄高才，刘会芹. 新编应用写作教程［M］. 2版. 北京：高等教育出版社，2014.

[2] 龙怀珠，刘宗田，姚亮. 应用文写作实训教程［M］. 北京：北京交通大学出版社，2010.

[3] 刘常宝. 财经应用文写作［M］. 北京：教育科学出版社，2010.

[4] 刘六英，侯昌芹. 应用文写作［M］. 北京：北京交通大学出版社，2010.

[5] 李惠峰. 高职应用写作实训教程［M］. 兰州：兰州大学出版社，2010.

[6] 包锦阳. 大专应用写作［M］. 杭州：浙江大学出版社，2007.

[7] 张晔，王粤钦. 新编财经应用写作［M］. 3版. 大连：大连理工大学出版社，2006.

[8] 冉福祥. 职业发展与就业指导［M］. 兰州：甘肃科学技术出版社，2009.

[9] 干天全. 当代应用文写作［M］. 成都：四川大学出版社，2001.